ちくま新書

東北史講義【古代・中世篇】

東北大学日本史研究室 編
Tohoku University Department of Japanese history

1712

東北史講義 古代・中世篇【目次】

はじめに

柳原敏昭・堀裕

衛星写真で、ユーラシア大陸の東半を見てみよう。できるなら北半球が冬の時期がよい。弧状に伸びる日本列島を見つけ、日本の東北地方を探してみると、いくつかの特徴をみてとることができる。

まず日本列島のなかでも、もっとも大きな島である本州の北の端に位置することである。つぎに、海や島々を介して、列島の各地や大陸へと移動することも可能だと実感できることである。さらに、北半球が冬であれば、東北北部や日本海側、そして山間部が真っ白になっているのを目にするだろう。歴史時代になってからの東北の地は、おおむね積雪が多く、比較的冷涼な気候であった。これらは、東北史を考えるうえで欠かせない自然的な要因である。

本書では、このような自然環境を背景に、東北史を三つの視点から読み解くこととしたい。

一つめは、近畿地方を中心に国家が形成されると、やがて国家的な境界が東北地方に形成されたことである。日本の古代にあたる時期の東北地方には、狩猟をおもな生業とするエミシと、農耕をおもな生業とする倭人が暮らしていた。両者は、言語や習俗、文化も異なっていたが、なにより政治的な支配関係の相違から、東北地方に境界がつくられていく。ことに古代日本国は、その領土拡大の欲求によって、移民と兵士を送り込み、戦争によって、その国家的境界を徐々に北へと押し上げた。それは中世社会に移行するころには、本州北端まで上昇する。古代・中世の東北地方は、民族と国家の境界の地であったということになる。その歴史は、境界が東北地方の中部から北端へと移っていくものだといってもよい。また、当時の境界がラインではなくゾーンとして存在することに鑑みれば、境界領域と呼ぶのがふさわしい。

二つめは、境界領域としての東北地方で、人や物、言語、習俗、信仰などの交流が活発に行われたことにある。そこで生産され、交易された物は、北は北海道、南は日本国の都を始めとする各地に運ばれていった。その代表的なものに、馬や金、鷲の羽、昆布、金属製品、焼き物などがある。とくに、東北地方で採れる金は、東北地方や都などの文化を支えたほか、中国や朝鮮との交易にも利用されていた。一方、それらの対価として東北地方にもたらされたものもまた多い。政治のレベルでは、近畿地方や関東地方由来の権力や勢力が、東北地方の人々に対して支配者として臨み、軋轢を生じつつも、地域との交流の中で在地性を強めることが、時代ごとに繰り返されたという特徴もある。このような交流の拠点として、東北地方には城柵、平泉・陸奥国府などの政治的な都市、十三湊などの港町が形成された。

三つめは、これまで一言で東北地方といってきた、その内側に多様性に富む地域が形成されていたということである。まず、古代以来の境界が、地域性を形作る基礎となった。たとえば東北地方の南部は北部とは異なり、古墳時代にはすでに倭国に含まれ、関東地方とのつながりがとくに強かった。その後も東北地方南部と北部との異質性は存続し、古代では南部が、北部における国家の軍事・行政活動を後方から支える役割をはたしたほか、院政期には平泉藤原氏の文化圏からは距離をおいていた。戦国時代には南北差が大名権力の編成にも影響している。しかし、それのみならず気候や地形、生産物、交通条件などによっても多様な地域性が形作られた。このような多様性は、地域の特色を明確にするとともに、東北地方や日本国、あるいはエミシ・エゾの住む領域を支えた構造とも関連するであろう。

以上に加えて、本書で示した東北地方に暮らした人々の生活の具体像や、災害とそれへの対応、ジェンダーなどの視点は、なぜ東北史を学ぶのかという問題をより鮮明に示すに違いない。

ところで、二〇一一年に発生した東日本大震災にともなう原発事故は、東北地方が東京および首都圏によって消費されているという側面を浮かび上がらせた。現代日本国のこうした構造は、必ずしも古代・中世に遡るものではないが、決して無関係とはいえない。東北史を考えるとは、このような構造を明確にさせることでもあり、逆に地域の主体性や独自性を示すことに他ならないと考える。

最後に、出版の経緯に触れておきたい。東北史を概観した書籍は、いくつか出版されているが、本シリーズのように最新の研究に基づいて時代を通観したものは、豊田武編『東北の歴史』全三巻（吉川弘文館、一九六七～一九七九年）以来、おおよそ五〇年ぶりだといってよい。『東北の歴史』は、東北大学大学院文学研究科日本史（当時は文学部国史）研究室を中心に企画・出版された。今回は同研究室の創立一〇〇周年にあたり、将来の東北史研究を担う若手や中堅の研究者によって執筆されている。古代・中世篇では、第1～10講で最新の通史を示し、11～15講では近年とくに注目されるテーマをあつかった。二つのコラムも付した。『東北の歴史』は、長きにわたって多くの読者を惹きつけ、東北への理解を深めることに貢献している。その後継たる本書が、東北史研究の今を伝えるとともに、地域史から現代の諸問題を考える際の手がかりを提供できれば幸いである。

第1講
東アジアの中のエミシ

相澤 秀太郎

†斉明天皇五年の遣唐使とエミシ

古代のエミシは、日本の夷狄であると同時に唐の夷狄でもあった。それは唐の皇帝に朝貢しているからであり、その証拠に中国の類書『冊府元亀《さっぷげんき》』の外臣部にも収められている。本講の題目を「東アジアの中のエミシ」とする所以である。はじめに、エミシが唐へ朝貢した斉明天皇五年（六五九）の遣唐使の分析から講義を始めることとしたい。

『日本書紀』斉明天皇五年七月戊寅条には「道奥蝦夷男女二人を以て唐の天子に示す」とあり、ここからエミシが遣唐使に帯同し、倭国の使者とともに唐の皇帝・高宗と謁見したことが知られる。ではなぜ斉明天皇五年七月の遣唐使にエミシを連れて行ったのだろうか。坂本太郎は「帰服の蝦夷の中から二人の蝦夷を選んで唐の天子に示し、異族を朝貢させる日本国の地位を誇示しようとしたのであろう」とし、さらに河内春人は「倭がエミシを引き連れていった理由については、倭王の徳がエミシにまで及んでいることを示すことによって唐に対して倭が夷狄を朝貢させる大国であることをアピールしようとしたものとするこれまでの理解に異存はない」として坂本の説を継承している。これが現在の通説であり、日本の視点から導き出された学説である。これを東アジア世界の情勢に視点を広げた場合、どのような結論が得られるだろうか。倭国はどうしてこの時に、そして何のためにエミシを唐に引き連れていったのか。白村江直前の東アジアの国際関係、エミシを連れて行くという外交の意味など、政治的な視点から考察を試みてみたい。

この時の遣唐使については「蝦夷国は海島中の小国なり。（略）大唐顕慶四年（六五九）一〇月、倭国の使人に随ひて入朝す」など中国側にも史料が残されている。ここで注目すべきは、中国の史料では蝦夷が倭国の使者に随って入朝したとある点である。随うという記述にはどのような意味があるのだろうか。河内は「唐のエミシに対する姿勢を示す概念としては「重訳」を重視したい。中国では古くから中華と言葉の通じない遠方の夷狄は近くの夷狄を媒介として中華に朝貢するという概念があり、たとえば『史記』三王世家には「遠方の殊俗は訳を重ねて至る」とある。唐における蝦夷の来朝も近くの夷狄（倭）を仲介役として遠方の夷狄が来朝したものとして捉えられた」とみるが、筆者も以下の理由から河内の説を支持する。すなわち、倭国の使者である副使津守連吉祥が高宗に拝謁してエミシを示した際、高宗は倭国の使者に対して、蝦夷国の方角や五穀の有無、住居の有無などについて尋問した。これに対して倭国の使者は、蝦夷国が東北の方角にあること、都加留《つがる》・麁蝦夷《あらえみし》・熟蝦夷《にぎえみし》の三種類があること、肉食であること、深山のなかで樹の下に住んでいることをエミシに代わって返答した。筆者はこの尋問の様子から、倭国がさらに遠方の蝦夷国の使者を引き連れて唐の皇帝に朝貢するという「重訳《ちょうやく》」の形態として捉えることに問題はないと考えるものである。倭国の使者に随伴する形でのエミシの朝貢は、中国によって「重訳」として認識され、皇帝の徳を体現する好事とされた。エミシの存在をアピールして倭王の徳の高さを示すために、エミシを帯同したとする従来の見解では具体的な説明が難しい。倭国が大国であることを示すというよりも、むしろ唐の皇帝の徳が倭国よりも更に遠方の蝦夷国にまで及んでいることを唐に示したのである。

それではなぜ、倭国はこの時に〝重訳〟という政治的な演出をしたのだろうか。その答えは、ひとつ前の遣唐使、すなわち白雉五年（六五四＝唐・永徽五年）の遣唐使にある。このとき、唐の皇帝は倭国の使者に対してある命令を出していた。「倭王の国は新羅と近いので、もし高句麗や百済が新羅を攻めた場合には、倭王は派兵して新羅救援を命じる」というものであった。当時の東アジア諸国の間では、唐・新羅と高句麗・百済がそれぞれ手を組み、大きく二分して戦いが繰り広げられていた。倭国はといえば中立的な立場を維持していたが、ここに至って唐の皇帝から新羅救援の命令が出されたのである。倭国は高宗の命令に従ったのだろうか。実は従わなかったのである。『三国史記』には高句麗・百済による新羅侵攻が記されており、六五五年一月には高句麗と百済が新羅の北の辺境を侵して三十三城を奪うとあるが、倭国が新羅救援に赴いた形跡はない。さらに六五九年四月、百済が新羅を攻撃して新羅の独山と桐岑を奪うとあり、新羅は唐に救援を要請したとある。この時も、倭国が新羅救援に赴いた形跡はない。倭国は六五四年に高宗から有事の際の新羅救援を命じられていたにも拘らず、その後の高句麗・百済による二度にわたる新羅攻撃に際して救援に赴くことはなかった。高宗の命令に背いた格好になったのである。このことが唐に対する反逆・抵抗と捉えられても仕方がないことは倭国の為政者も理解していたはずである。

このような状況下で倭国が採った方策が①遣唐使派遣と②エミシを帯同させて唐に朝貢・服属する〝重訳〟という政治的演出であったのである。遣唐使にエミシを帯同させ、重訳という朝貢の形態を演出した目的は唐に対して恭順の意を表すためであり、唐との関係の悪化を回避しようという政治的な意図があったと考えられるのである。

「蝦夷」表記の創出

エミシの漢字表記は、「毛人」と「蝦夷」の二つがあるが、このうち「蝦夷」という表記はいつ、どこで、どのような事情から創出されたものなのであろうか。この論点に見解を示した本居宣長は『古事記伝』のなかで「蝦夷は延美斯なり。名義は身に凡て長き鬚の多きを以て、鰕になぞらへたるなり」と述べ、エミシの外貌である長い鬚がエビの姿を連想させ、それに東方の夷狄を示す「夷」を組み合わせて「蝦夷」という表記を創出したとする解釈を示した。それ以降、現在に至るまで様々な見解が出されてはいるものの、未だに定説はない。この問題を説く鍵はどこにあるのだろうか。

表　日本と中国の異民族呼称・表記一覧

日本（『日本書紀』）		中国（正史・類書等）	
毛人	百済人	羌夷	于夷
隼人	卓淳人	嵎夷	方夷
肥人	耽羅人	荊夷	黄夷
掖玖人	高麗人	紅夷	白夷
多禰嶋人	唐人	昆夷（混夷）	赤夷
阿麻弥人	漢人	胡狄（胡夷）	玄夷
国樔人	呉人	褕狄	風夷
新羅人	粛慎人	犬戎（犬夷）	陽夷
韓人	安羅人	畎夷	
任那人	耽羅人		
吐火羅人	蝦夷		

ここで第一に表記の形態に注目したい。表は異民族に対する呼称・表記をまとめたものであるが、「某夷」という表記の形態は中国の異民族呼称と一致することがわかる。まず中国の異民族呼称・表記は「某夷」で、工藤雅樹は中国では東方の夷狄を「夷」または「東夷」と呼称し、それらを分別する場合は淮河流域の夷狄を「淮夷」、山東半島の夷狄を「萊夷」としたとする。一方で日本の異民族呼称・表記は例外なく「某人」である。田中聡は、古代国家と夷人的関係（異民族との関係）にある集団に対する呼称は「某人」であり、「人」字を共有している点が特徴であると意義づけた。

中国と日本の異民族呼称の形態を比較してそのなかに「蝦夷」を当てはめるならば、「蝦夷」という漢字表記は中国の異民族呼称「某夷」の形態と一致することは明らかである。中国の異民族呼称・表記の特徴は、中華思想を基礎とする四夷観念（東夷・南蛮・西戎・北狄）に基づく「某夷」に、地名やその異民族を象徴する漢字一字を冠して「某夷」とするものである。「蝦夷」という漢字表記は中国の異民族呼称「某夷」の形態と一致するから、素直に考えれば「蝦夷」表記は中国によって創出されたと考えるべきである。

第二の問題は「某夷」に冠された漢字「蝦」の意味である。なぜ、中国の為政者は「夷」に「蝦」字を冠したのであろうか。その答えは長鬚な外貌をエビの象徴とみなす伝統的な観念は日本ではなく中国にある。唐顕慶四年に皇帝に謁見した蝦夷の特異な外貌は、北宋の大中祥符六年（一〇一三）に編まれた『冊府元亀』にも「高宗顕慶四年、蝦夷国、使を遣わせて入朝す。其の使、鬚の長きこと四尺」（巻九九七外臣部状貌門）と見えており、これが収められた外臣部状貌門は、中国に朝貢する種族のうち状貌（容貌）に特徴があるものを載せている。このことは長鬚な外貌がエミシの象徴として認識されたことを示しており、エミシの外貌が高宗をはじめとする唐の高官たちに強い印象を与えたことを物語っている。ところで中国では長鬚な外貌を有することにはどのような意味があるのだろうか。『爾雅翼』には「鰕、鬚多し。善く游びて躍ることを好む」とあり、「鰕（エビ）」を「多鬚」という外貌を以て説明する。このほか

『別国洞冥記』には、丹蝦（紅蝦）は体長が十丈あり、長さ八尺の鬚をもち、二つの翅をもち、その鼻はまるで鋸のようであるという話を載せる。このように中国の字書や説話などから、多鬚・長鬚な外貌がエビの象徴として認識されていたことが知られるのである。ゆえに、中国には長鬚な外貌がエビの象徴であるという伝統的な観念があったということができる。

第三の問題は、「蝦」という漢字の字義についてである。カエルをさす「蝦」がなぜエビを意味するようになったのであろうか。結論を先に述べるならば、古代の日本では「蝦」はカエルと解釈されており、一方で中国は「蝦」はエビと解釈していたのである。漢字の字源を説いた『説文解字』には「蝦。蝦蟇也」とあり、「蝦蟇」はヒキガエルの意味であるから、漢字「蝦」の本来の意味はエビではなくカエルであることが分かる。しかし、中国では「蝦」と「鰕」は通用していたことを示す史料がある。明代の本草書『本草綱目』には「鰕、音は霞なり。俗に蝦に作る」とあり、本来、エビは「鰕」と表記すべきであるが、ともに発音が「霞（カ）」であるから一般に「蝦」と表記しているというのである。ここから中国では音通により「鰕」と「蝦」が通用されたことでカエルを本来の字義とする漢字「蝦」にエビの意味が付与された経緯を知ることができ、このために中国ではエビを表現する時には漢字「鰕」に加えて「蝦」が一般的に使用されてきたのである。一方、日本における漢字「蝦」の意味を検討した結果、「蝦」はカエル、「鰕」はエビと解釈しており、両者が通用されることはなく区別されて用いられていたことが確認できる。

これまでの検討をまとめると以下の三点に集約できる。

①「某夷」という表記の形態は中国の異民族呼称と一致する
②長鬚な外貌をエビの象徴とみなす伝統的な観念は中国にある
③エビを漢字「蝦」で表記するのは中国である

上記の三点を根拠として、筆者は「蝦夷」は中国が創出した漢字表記と考える。最後に、表記の創出事情について検討してみたい。「蝦夷」表記創出の時点を明記した史料はみられないが、『通典』には唐顕慶四年の蝦夷入朝の記事に「蝦夷」と記述されているから、「蝦夷」表記成立の下限は唐顕慶四年となる。さらに、史料上、エミシが中国に朝貢したのは唐顕慶四年の一度だけであるから、中国が蝦夷の外貌を見て「エビ」を連想し、両者が結びついたのはこの時のみである。ゆえに表記創出の時点は唐顕慶四年のエミシ入朝の時ということになる。次に「蝦夷」という漢字表記を付与した事情については、中国の王権構造のなかに蝦夷国が外臣として位置付けられことが、表記創出の契機となったと考える。唐顕慶四年にエミシが中国朝貢した際、唐の高宗は蝦夷国の存在を知り、初めてエミシを実見した。これは「蝦夷国」という東夷の国家による朝貢とみなされ、蝦夷国は服属と同時に中国の外臣として政治的に位置付けられた。新たに外臣として位置づけた蝦夷を指す呼称・表記がそれ以前の中国には無かったために、新たに呼称を創出する必要が生じたのである。蝦夷の場合には、中国国外の小さな国であることを倭国の使者から聞いていたので、中国国内の地名を冠して呼称とすることは難しい。そこで中国は蝦夷の外貌をエビに擬えて「蝦」字を冠し、「蝦夷」という呼称を創出して新たな外臣となった蝦夷に付与したのである（蝦夷表記の創出をめぐる河内春人との議論については、松本建速・二〇一八年に整理されている）。

†宝亀十年唐使の入朝と蝦夷

宝亀九年（七七八）一二月、唐使入朝の儀式に参加させるため、陸奥・出羽からエミシ二〇人を上京させた。その目的は「唐客の拝朝の儀衛に擬てんがため」であった。なぜ、宝亀五年（七七四）に入朝停止を命じていたエミシを敢えて上京させたのであろうか。先行研究には「唐使を迎えるにあたって蝦夷を動員して唐客入朝の儀に参列させようとしているのは、宝亀五年正月、蝦夷の入朝を停めて以来のエミシの朝儀への参加で、これは宝亀五年以来の対エミシの軍事行動が、先の六月庚子条の論功行賞に見えるように、前年に一段落したと判断されたため、また、唐使の入朝が八世紀以降では前例のない特別の出来事であったためであろうか」

（新日本古典文学大系『続日本紀』補注）とあるが、ここで改めて検討してみたい。

東北におけるエミシの情勢は決して安定したものではなく、そのために宝亀五年に入朝停止という措置がとられたのである。エミシは全国に移配されており、畿内に近く、情勢も安定している都に近い国々に移配されているエミシ（俘囚）を連れてくれば済むのであるが、敢えて「陸奥国出羽国に仰せて」とある点は注目すべきであろう。筆者は陸奥出羽のエミシである必要があったものと考える。なぜならば、斉明天皇五年に唐の皇帝に謁見したエミシを、今もなお日本の天皇が支配し続けていることを唐の使者に示す必要があったためではなかろうか。鬚が長いという、かつて唐の皇帝が興味を抱いた風貌を有している陸奥・出羽のエミシが求められたのである。そのために入朝停止という措置が採られているなかでも、特例として陸奥・出羽からエミシを上京させて、唐使にその姿を見せようとしたのである。

†「蝦夷」表記の消滅とその背景

六国史において、弘仁五年（八一四）から「蝦夷（蝦狄）」という漢字表記が消え、その後は「夷」や「狄」などが用いられるようになる。どのような理由から「蝦夷」表記の使用を停止したのであろうか。筆者は、「蝦夷」という、唐から付与された漢字表記の使用をやめたものと考える。その理由として唐の弱体化が挙げられる。『日本後紀』延暦二四年（八〇五）六月乙巳条には遣唐大使藤原葛麻呂による帰国報告が収録されている。前半は出航から帰国までの遣唐使一行の行動が記され、「其れ唐の消息は」で始まる後半は、当時の唐をめぐる内外情勢が具体的に報告されている。ここで注目したい点が唐消息の最後の一文「内には節度を疑い、外には吐蕃を嫌い、京師は騒動し、暫しの休息もなし」である。山内晋次はこれを「かつておおいに憧れ、政治・経済・文化などさまざまな面で規範とした「大唐帝国」の混乱と衰退をかいまみた遣唐使たちの率直な認識があらわれている」と意義づける。この情報を受けた日本は、かつては東アジアにおいて大きな力を有していた唐帝国の弱体化を知ることとなる。「蝦夷（蝦狄）」表記から「夷（狄）」への変化は、「蝦夷」という表記を使い続けることをやめるという決断、すなわち唐から付与された表記にこだわらない、むしろ使わないという一つの選択の結果とみられる。また、三十八年戦争の終焉も影響していると考えられる。エミシ政策の転換の年とされる弘仁二年を最後に蝦夷表記の使用が停止される点が象徴的であり、この年は宝亀五年の桃生城襲撃から始まった三十八年戦争終焉の年（『日本後紀』弘仁二年閏一二月辛丑条）なのである。

六国史における「蝦夷」表記の使用停止は、日本の夷狄認識に関係することは言うまでもないが、筆者はその主たる要因は大きく二つあると考える。

第一に、斉明天皇五年七月に遣唐使とともに入朝し、「蝦夷国」として東夷のひとつに組み込まれたエミシ。唐の外臣となったことで付与されたのが「蝦夷」という二文字の漢字表記であった。これを日本は六国史では「毛人」ではなく統一的に「蝦夷」表記を採用した。唐から付与された表記の使用をやめたという史実は、付与した側の唐の衰退が少なからず影響していると考えられるのである。

第二に、唐の衰退を帰国した遣唐使から情報として知った律令国家は、弘仁二年のエミシ征討の終結に合わせる形で、「蝦夷」という唐から付与された二文字の漢字表記の使用をやめて、単に「夷」「狄」と表記する方向へと舵を切ったものと考えられる。

†唐・日本とエミシ

唐顕慶四年、遣唐使に帯同したエミシは唐の皇帝高宗に朝貢した。唐の史料によればこの時に「蝦夷国」は中国の外臣・夷狄として政治的に位置づけられた。勿論、日本国も中国の外臣であり(『冊封元亀』外臣部)夷狄でもある(『太平御覧《たいへいぎょらん》』四夷部日本)。中国の中華世界のなかに位置づけられたということは、中国の外臣となったエミシの存在が東アジア諸国の共通認識となったことを意味する。一方、隼人や南島人は中国に朝貢した事実が史料上確認できないので、中国の外臣には位置づけられてはいない。すなわち、隼人や南島人の存在は、東アジア諸国の共通認識にはなっていないのである。この点が蝦夷と隼人・南島人との大きな政治的位置づけの違いであるといえよう。

倭国の為政者は、中国の中華世界を模倣して自らの中華世界（日本）を創ろうとした際、東アジア諸国の共通認識であるエミシを夷狄として設定して支配していくという日本の帝国型国家・中華世界を維持していく政策をとった。そのためには中国の夷狄でもあり、かつは東アジア諸国に認識されていたエミシが不可欠な存在だったのである。決して野蛮であるからではなく、それこそがまさしくエミシの政治的位置づけの本質であり、また夷狄としての存在意義だったのである。エミシの漢字表記である「毛人」と「蝦夷」のうち、文書や木簡、人名には「毛人」と表記されるのが通例であるのに、『日本書紀』や『古事記』といった国家の編纂によるものには、唐から付与された「蝦夷」表記を統一的に使い続ける。そして唐が弱体化するなかで「蝦夷」という漢字表記の使用を意図的に停止する背景には、やはり東アジアにおける唐の情勢を意識してのことと考えられるのである。

日本の中華思想、帝国型国家の維持、そしてエミシを支配し続けることには、常に東アジア、特に唐との関係を律令国家は強く意識していた。そのような意味で、エミシは日本にとどまらず、唐を中心とした東アジアの中のエミシとして位置づけるべきなのである。

参考文献

相澤秀太郎「斉明天皇五年の遣唐使と蝦夷――蝦夷帯同の目的をめぐって」『歴史』第一二六輯、二〇一六年
相澤秀太郎「「蝦夷」表記の成立」『歴史』第一二七輯、二〇一六年
工藤雅樹『古代蝦夷』吉川弘文館、二〇〇〇年
河内春人「唐から見たエミシ」『東アジア交流史のなかの遣唐使』汲古書院、二〇一三年、初出二〇〇四年
坂本太郎「日本書紀と蝦夷」『坂本太郎著作集』第二巻、吉川弘文館、一九八八年、初出一九五六年
田中聡「夷人論――律令国家形成期の自他認識」『日本古代の自他認識』塙書房、二〇一五年、初出二〇〇二年
松本建速『つくられたエミシ』同成社、二〇一八年
山内晋次「国際情報と律令国家」『日本の対外関係2　律令国家と東アジア』吉川弘文館、二〇一一年

第2講

国造制から国郡制へ——陸奥・出羽国の成立

吉田 歓

古代の東北地方には陸奥国と出羽国が設けられたが、それぞれ複雑な過程を経て設置された。その背景の一つは、エミシと呼ばれた人々がこの地域に住んでおり、朝廷の支配が容易には及ばなかったことである。そして、現在は東北地方として括られている地域ではあるが、それぞれの成り立ちには異なった面があった。本講では古代の陸奥国と出羽国の成立までを整理してみたい。

†陸奥国・出羽国の成立

陸奥国の領域はおおよそ太平洋側の福島・宮城・岩手・青森四県に相当し、出羽国の領域は日本海側の山形・秋田二県に相当していたと想定されている。ここでは両国の成立について触れておきたい。

まず陸奥国の成立について取り上げたい。しかし、その成立についてはよくわからないことが多いが、一般的に大化改新後に設置されたと推測されている。『日本書紀』斉明天皇五年

（六五九）三月是月条に「道奥《みちのく》と越国司《こし》」と見え、道奥国の存在が窺える。これ以前にも「陸奥」という表記は見られるものの、国としてはこの時以前には存在していたと考えられる。さらに『常陸国風土記』をもとに陸奥国の設置時期は改新後の白雉四年（六五三）〜五年頃であったと絞り込む見方もある（今泉a・二〇一五）。『常陸国風土記』総記に孝徳天皇の時に我姫《あづまの》国《くに》を八国に分割したとあるが、房総半島の安房国はまだ成立していないので関東の七国と道奥国の八国のことと解釈できることによる。こうした推測も含めて改新後に道奥国が設置されたと考えられる。

一方の出羽国の成立時期は、文献史料に明記されている。まず和銅元年（七〇八）九月に越後国が出羽郡の設置を申請して許可され、同二年三月に征越後蝦夷将軍《せいえちごえみししようぐん》を派遣し、七月には出《で》羽柵《わのさく》に兵器を運送させている。以上のような軍事活動を経て、同五年九月に出羽国が設置された。さらに一〇月には陸奥国の最上《もがみ》・置賜《おきたま》二郡を出羽国に移管した。但し二郡の移管については『続日本紀』霊亀二年（七一六）九月乙未条にも見えておりどちらが正しいのか解釈が難しい。二郡の移管時期については不明瞭なところもあるが、いずれにしても出羽国は和銅五年に設けられ、陸奥国から最上・置賜二郡を編入することによって成立したということになる。

†東北地方の国造

陸奥国と出羽国が成立した時期は先述の通りであるが、次に陸奥国成立の前段階に目を移したい。陸奥国が成立する前提として国造の存在があると考えられる。ヤマト政権は地方を支配するために各地の地方豪族たちを国造に任じたと考えられ、このシステムを国造制と呼ぶ。国造が置かれた時期についてはいくつかの考え方があるが、おおむね六世紀頃とされる（篠川・一九九六）。その国造がすでに東北地方にも設置されていたとする史料がある。それは『先代《せんだい》旧事本紀《くじほんぎ》』という史料であるが、平安時代初め頃に編纂されたことから、その内容を簡単に信用することはできない。しかし、何らかの伝承や記録を下敷きにしているとも見られ一定の史料的価値はあるとされている。その巻一〇の国造本紀《こくぞうほんぎ》は全国の国造を整理した内容で、その中に東北地方のものと思われる一〇国造が掲載されている。それは道奥菊多（菊多郡）・阿尺（安積郡）・伊久（伊具郡）・染羽（標葉郡）・浮田（宇多郡）・信夫（信夫郡）・白河（白河郡）・石背（磐瀬郡）・石城（磐城郡）・思（曰理郡）である。それぞれの（　）内に後の郡名を入れている。図は陸奥・出羽両国の南半部の郡名を示したものであるが、そこでは逆に郡名の下に国造名を（　）内に入れて示した。

これらの国造のうち最後の思国造は一般的には曰理国造と理解されている。そうすると思と伊久が現在の宮城県南部、その他は福島県の浜通りと中通りに相当し、宮城県南部以南にすでに国造が置かれていたと理解できる。つまり、この範囲まではヤマト政権の支配下に入ってい

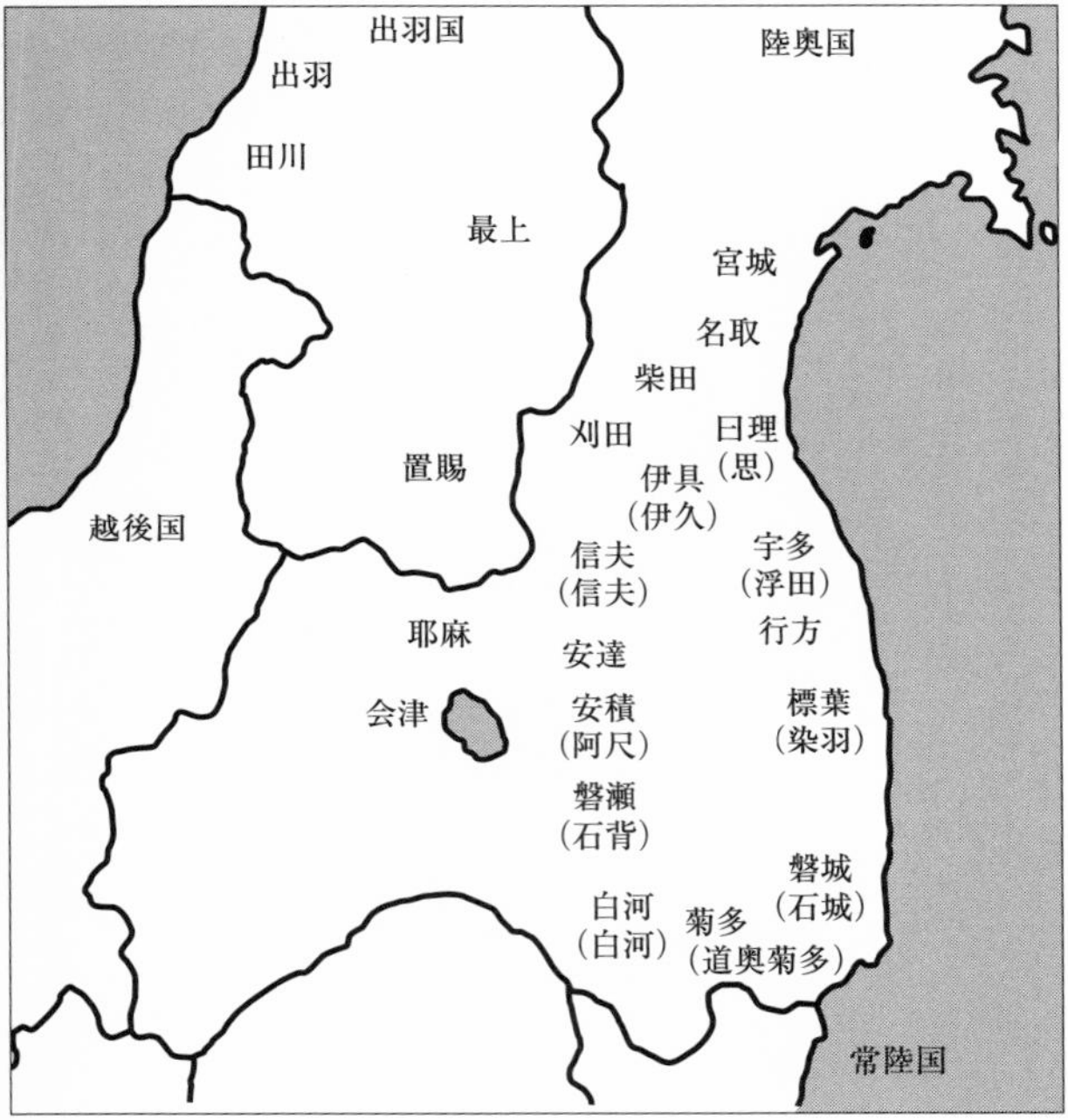

南奥羽の国造と国郡配置図。郡名と（　）内に国造名を記した。

て、その外がいわゆるエミシの地であったことになり、東北地方全域がエミシの地であったわけではなく宮城県南部までは国造制が敷かれた地域に含まれていたことになる。

大化改新では国造制にかわって新たに評制を施行し、地域を評《こおり》という行政単位に転換したり分割して評としたりした。恐らく東北地方の国造の領域も評に切り替えられたと考えられる。但し、道奥菊多国造と石城国造はそのまま評となったわけではなかったらしい。『常陸国風土記』によると、現在の茨城県北部から福島県浜通りの石城国造の領域までの地域に、白雉四年に多珂評と石城評を分置したことになっている。そして菊多地域については、養老二年（七一八）に常陸国多珂郡から分割して菊多郡が設置された。このように道奥菊多国造と石城国造についてはそのまま評制に移行したわけではなかったようである。こうした部分もあるが、それぞれの国造の領域が評制に転換し、さらに大宝律令によって郡制へと移行していったと考えられる。養老二年には石城・標葉・行方・宇太・曰理・白河・石背・会津・安積・信夫一〇郡が見えることになる（『続日本紀』養老二年五月乙未条）。

しかし、東北地方の国造の存在を疑問視する見解もある（篠川・二〇一九、永田・二〇一七、篠川・二〇二二）。評制・郡制への移行を考える上で国造や地方豪族をどう理解するかは重要な問題であり、今後の課題と言えよう。

†石城国・石背国の分国

国造が置かれた地域の北がエミシの地と認識されていたと考えられるが、こうした地域へは城柵が設置され柵戸《さくこ》と呼ばれる移民が送り込まれて支配下に編入されていき、評制・郡制に移行していった。陸奥国でも現在の宮城県北部の大崎地方や牡鹿地方まで中央政府の支配領域に入れられていったとされ、仙台市の郡山遺跡が支配の拠点となっていたと捉えられている。

このような領域の拡大を踏まえて、養老二年に石城国・石背国を陸奥国から分置した（『続日本紀』養老二年五月乙未条）。石城国は石城・標葉・行方・宇太・曰理五郡と新設された菊多郡からなり、石背国は白河・石背・会津・安積・信夫五郡からなっていて、おおよそ国造が置かれた地域に相当している。つまり、国造制以来の支配が安定した領域を陸奥国から分割したことになる。一方で霊亀元年には関東地方から富民一〇〇〇戸を陸奥国に移住させ（『続日本紀』霊亀元年五月庚戌条）、大量の移民によって陸奥国の充実を図っている。この移民は国造が置かれた地域ではなく、それ以北に対して行われたと推測されるが、国造制以来の領域とそれ以北とを分離することで、それぞれの実情に合わせて支配を強化しようとしたものとされる（今泉bc・二〇一五）。さらに前述のように、少し前の和銅五年に陸奥国から最上・置賜二郡が出羽国に移管された。

石城・石背二国の分離は合理的な支配をねらったものであったが、養老四年、エミシが按察《あぜ》使《ち》上毛野《かみつけの》広人《ひろひと》を殺害するという事件が起こった。朝廷の進めてきた支配に対してエミシの大きな抵抗がなされたわけである。この事態を受けた対応は第3講でも述べられるが簡単に整理すると、朝廷は陸奥国の支配体制の再構築のためにいくつかの政策を行っていく（熊谷・二〇〇〇）。その一つとして石城・石背二国が再び陸奥国に併合され、支援態勢の強化が図られた。

再併合の時期については、蓋然性の高い見方として養老五年とする見解がある（佐々木・二〇一〇、今泉・二〇一八）。この見解に従うと、養老四年のエミシの抵抗を受けて翌年には再併合に踏み切ったということになろう。そして、さらに多賀城の建設も行われ、多賀城碑によれば神亀元年（七二四）に創建されて陸奥国府も郡山遺跡から移転したと見られる。

こうして多賀城を国府とする陸奥国が出来上がり、以後さらに北方へと版図拡大を進めていくこととなる。

†改新後の日本海側

先述のように陸奥国は国造制を基盤として生まれたと言える。それに対して出羽国は大きく異なっていた。次に出羽国の誕生までを概観していきたい。

出羽国に相当する東北地方の日本海側には国造が置かれていた様子は見えない。『先代旧事本紀』国造本紀の中にも該当しそうな国造は見えない。そうすると出羽国に相当する地域には国造が存在しなかったということになり、陸奥国とは成立の前提条件が大きく異なっていたということになる。

参考までに隣接する後の越後国に目を向けると、国造本紀には高志・久比岐・高志深江・佐渡四国造が記載されている。佐渡国造を除く三国造が越後国に相当する地域に置かれていたと考えられる。これに従えば、日本海側では後の越後国域のいずれかの地域までは国造制のもとにあったということになり、出羽国域はその外、つまりエミシの地であったと理解される。このように出羽国は陸奥国とは前提条件に差があったことに注意する必要がある。

このような状況の日本海側に対して大化改新後、積極的な動きがなされたことが『日本書紀』に見える。まず大化三年(六四七)、後の越後国相当地域に渟足柵《ぬたりのさく》が設置され、翌四年に磐舟柵《いわふねのさく》が設けられた。いずれも所在地は明らかになっていないが、渟足柵は後の越後国沼垂郡、磐舟柵は同じく岩船郡にあったと見られる。

以上のように二つの城柵を設けて支配領域を拡大し、さらに新しい動きを見せる。それは船団を率いて日本海側を北上していくというものである。斉明天皇四年、船団を送って齶田《あぎた》(秋田)・渟代《ぬしろ》(能代)のエミシを服属させ、さらに粛慎を討伐した。同五年にも船団を率いて飽田(秋田)・渟代・津軽まで遠征し、同六年にも同じように粛慎を攻めた。このように斉明天皇の時代に現在の秋田県から青森県の津軽地方まで遠征が行われたようである。粛慎は諸説あるが、さらに北方まで到達していたと推測される。

東北地方の日本海側では、恐らく国造が置かれず、国造制の敷かれた地域は現在の新潟県まででであった。それより北は国造制の外のエミシの地であった。そうした地域に対して船団を組んで海岸沿いに北上し、エミシを服属させたり関係を結んでいったのである。出羽国が成立する前提に、このような状況があったのである。

†七世紀後半の置賜郡

先述のように和銅五年に出羽国が設置され、陸奥国から最上・置賜二郡が移管された。この二郡のうち最上郡についてはは詳しくはわからないが、置賜郡に関しては若干参考となる文献史料があって具体的な様子をうかがうことができる。次に置賜郡について取り上げてみたい。

七世紀後半の置賜郡は、『日本書紀』持統天皇三年（六八九）正月丙辰条に見える優嶒曇郡城養蝦夷脂利古《きこうしりこ》男麻呂と鉄折《かなおり》が沙門となることを申請してきたのに対して、彼らが幼少から閑雅で欲も少なく戒律を守っていることから詔によって許可され、出家させたことが記されている。なお、この記事では「郡」とあるところは、この段階ではまだ「評」とあったものと考えられるので、以下では郡（評）と記すこととする。

優嶒曇は、後の置賜の別の表記と推測され陸奥国に所属していたことがわかる。さらに城養の蝦夷とあることから、城柵の支配を受けていたエミシがいたことがうかがえる。ということは、置賜郡（評）にも城柵があったことが推測できる。その名称は残念ながら未詳である。そして、そうした城柵支配のもとにエミシたちが生活していたことが想像される。置賜郡（評）

の地域には国造が置かれていたとは考えられず、先述のように国造制下の外のエミシの地と見られている。このような地域には城柵が設置されてエミシ支配が進められていたと考えられ、置賜郡（評）にも城柵が設置されていたものと推測される。また、置賜郡（評）が設置された時期については不明で、現時点では大化改新以降、持統天皇三年以前には陸奥国のもとに設置されたと理解しておくしかなかろう。

ところで、置賜郡（評）の設置に関わって特にエミシとの軋轢などがあったようには見えない。特段の抵抗もなく比較的スムーズに設置されたと思われる。これは恐らく最上郡（評）についても同じであったと推測される。このような事例を考えると、国造制の敷かれていた地域の外側がいわゆるエミシの地であったとしても、一律に朝廷に抵抗していたというわけではなく比較的大きな抵抗もなく朝廷の支配下に組み込まれる地域もあったと理解できる。こうしたエミシと朝廷の間の中間地帯がベルト状に存在していたものと思われる（熊谷・二〇一六、菊地・二〇一〇、藤沢・二〇一三）。

†出羽国の誕生

出羽国成立の概要は冒頭で述べた通りであるが、ここではもう少し詳しく見ていくこととする。前述のように現在の新潟県のいずれかの地域までは国造制のもとにあり、大化改新後に渟足柵・磐舟柵が置かれて朝廷の支配下に組み入れられていった。そうして恐らく現在の福井県から新潟県に及ぶ越国が設けられていたが、越前・越中・越後三国に分割されたと思われる。そのうちの越後国が日本海側では国制の敷かれた北限となり、その外がエミシの地ということになる。

そして、越後国に出羽郡が設置された。和銅元年九月のことであった。それとともに相前後して出羽柵が置かれたと考えられる。出羽郡の具体的な範囲は明確なわけではないが、越後国の延長であるから現在の山形県庄内地方に相当すると考えられている。出羽柵の位置については不明である。

そして翌二年三月、陸奥・越後二国の蝦夷を討つために巨勢麻呂《こせのまろ》を陸奥鎮東将軍に、佐伯石湯《さえきのいわゆ》を征越後蝦夷将軍に任命して征夷が行われた。七月には諸国の兵器を出羽柵に運送し、越前・越中・越後・佐渡四国の船百艘を征狄所に送らせている。征狄所について具体的なことはよくわからないが、恐らく出羽郡の軍事的な拠点であったと思われる。このように日本海側には征越後蝦夷将軍以下が派遣され征討が行われた。そして、八月には佐伯石湯らが都に帰還し慰労を受け、九月には禄を与えられた。

以上のように出羽郡を設置した翌年、すぐにエミシ征討が行われ、半年ほどで将軍以下は都に帰ってきたことがわかる。この成果を踏まえて和銅五年九月に出羽国が設置された。この時、出羽国設置を申請した太政官の奏上によれば、官軍が雷撃してから安定したので、この機に乗じて一国を置いて国司を配置して人民を鎮めたいと提案している。恐らく出羽郡設置翌年の征討を経て状況が安定化したことを受けたものと思われる。

そして、建国後に最上・置賜二郡を陸奥国から移管し出羽国の領域を拡大させた。さらに和銅七年、霊亀二年、養老元年、同三年、移民を繰り返し送り込んでいる。このうち霊亀二年は養老元年と移民の出身国が同一なので内容が重複しているかもしれないが、それ以外の三例はいずれも出羽柵へ移民を送っている。この通り受け取ると移民は最上・置賜二郡ではなく出羽柵に集中して行われていたということになる。

このような出羽国成立のプロセスをまとめると、①出羽郡を設置、②その直後に蝦夷を制圧、③制圧後に出羽国を設置、④出羽柵に移民を集中、ということになる。出羽国成立のプロセスはこのようになり、特に建国後に移民を行うが、その際出羽柵に集中的になされている点が特徴と言える（渡部・二〇〇〇、吉田・二〇一九）。

†陸奥国と出羽国

ここまで陸奥国と出羽国の成立過程を簡単ではあるがまとめてきた。現実にはさらに複雑なプロセスを経てきたものと思われるが、大まかな動向をなぞってきた。最後に両国の成立過程について比較をしてみたい。

まず両国の成立を考える上で、もっとも大きな違いは国造制の有無である。先に紹介したように陸奥国の国造の存在を否定的に捉える見解も提起されており一概に論じられないが、その後の展開を踏まえると国造が置かれたとされる地域は陸奥国の中でも特殊であったことは事実である。それに対して出羽国には国造自体が置かれていたとは言えず、そのような基盤があったとも考えにくい。まず両国にはこのように前提条件に大きな差があったのである。

そのため陸奥国は宮城県南部以南の国造制下の領域を中心に評制へと転換し、大宝律令施行によって郡制に移行していった。それに対して出羽国は、はじめに越後国の下に出羽郡が設置されるところから始まった。このように両国は始まり方自体に相違があった。

そして、陸奥国では宮城県北部の大崎から牡鹿地方にかけて大量の移民を送り込み支配領域を拡大しようとした。それに対して出羽国では恐らく出羽柵に移民を集中的に送って支配を進めようとしていた。このように両国を比べると、陸奥国は広い領域に移民を大量に送っており、その意味では広域拡散型と呼ぶことができ、一方の出羽国は出羽柵に移民を集中していて拠点集中型と呼ぶことができよう。同じ東北地方といっても陸奥国と出羽国では支配の進め方に違いがあったのである（吉田・二〇一三）。それが何に起因しているのかは今後の課題である。

参考文献

今泉隆雄a「古代国家と郡山遺跡」、b「律令国家とエミシ」、c「古代史の舞台　東北」同『古代国家の東北辺境支配』吉川弘文館、二〇一五年
今泉隆雄「古代南奥の地域的性格」同『古代国家の地方支配と東北』吉川弘文館、二〇一八年
菊地芳朗『古墳時代史の展開と東北社会』大阪大学出版会、二〇一〇年
熊谷公男「養老四年の蝦夷の反乱と多賀城の創建」『国立歴史民俗博物館研究報告』八四、二〇〇〇年
熊谷公男「古代国家北縁の二つの境界」『日中韓周縁域の宗教文化』Ⅱ、二〇一六年
佐々木茂楨「古代陸奥国の「名取以南一十四郡」と多賀・階上二郡の権置」『国史談話会雑誌』五〇、二〇一〇年
篠川賢『日本古代国造制の研究』吉川弘文館、一九九六年
篠川賢「国造の「氏姓」と東国の国造制」同『古代国造制と地域社会の研究』吉川弘文館、二〇一九年
篠川賢『国造――大和政権と地方豪族』中央公論新社、二〇二一年
永田一「古代の東北と国造制に関する一考察」篠川賢他編著『国造制・部民制の研究』八木書店、二〇一七年
藤沢敦「古墳時代から飛鳥・奈良時代にかけての東北地方日本海側の様相」『国立歴史民俗博物館研究報告』一七九、二〇一三年
吉田歓「南奥羽国郡制の変遷」熊谷公男他編『講座　東北の歴史　第三巻　境界と自他の認識』清文堂、二〇一三年
吉田歓「出羽国成立試論」『辻尾榮市氏古稀記念歴史・民族・考古学論攷〈Ⅰ〉』二〇一九年
渡部育子「七・八世紀の庄内と秋田」『国立歴史民俗博物館研究報告』八四、二〇〇〇年

第3講

城柵と戦争・交流の時代

鈴木琢郎

本講では律令国家とエミシ社会との交流の中、極度の緊張関係を形成した桓武期の征夷戦争(三十八年戦争)の前史を含めて俯瞰する。律令国家とエミシ社会は互いに排他的に対立していたわけではない。朝貢関係を形成しつつ、交易相手として互いを必要としていたことも事実である。但し、植民や建郡といった形で行われた版図の拡大は三十八年戦争を着実に準備していく。本講の叙述はこの点に焦点を絞ったものとなる。

†養老四年・神亀元年のエミシの反乱

養老四年(七二〇)九月「蝦夷反乱し、按察使正五位上上毛野朝臣広人を殺す」(『続日本紀』同年九月丁丑条)と、按察使殺害の報が京にもたらされた。このエミシの反乱は宮城県北部の大崎平野を中心に起こったものと考えられている。

その四年後、神亀元年(七二四)三月には「海道蝦夷反し、大掾従六位上佐伯宿禰児屋麻呂を殺す」(『続日本紀』同年三月甲申条)と、再び陸奥国からエミシの反乱の報が届く。この時に

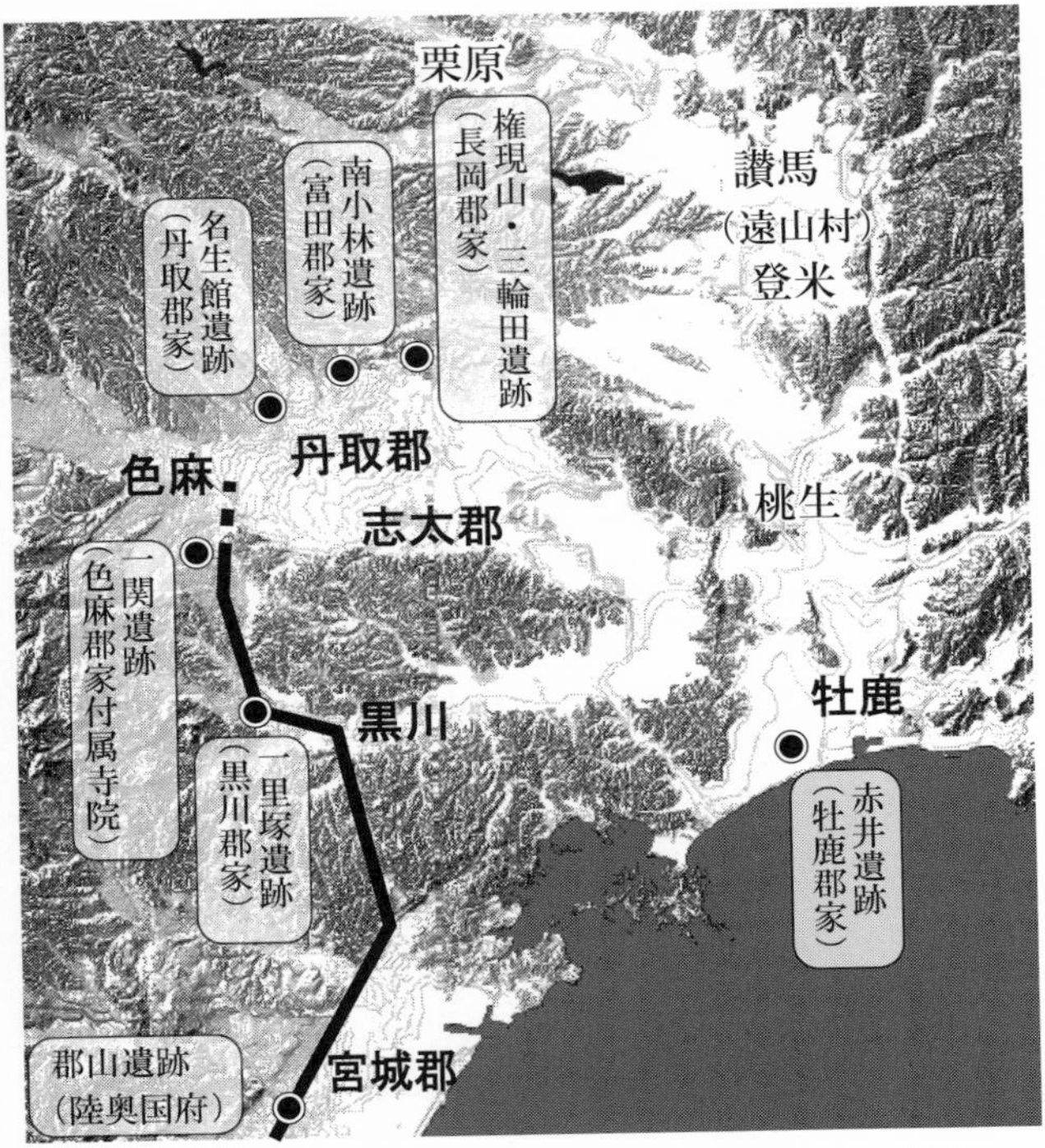

図１　八世紀初頭の官衙遺跡（多賀城以前）（カシミール 3D を使用）
高橋誠明　2003、佐藤敏幸　2003 を参考

反乱を起こした海道蝦夷とは大崎平野の東部、旧北上川河口から北に広がる地域のエミシである。八世紀初頭に立て続けに発生したエミシの反乱は、ともに大崎平野を舞台としていた。

†大崎平野と移民（七世紀後半）

大崎平野は陸奥国府（多賀城移転前なので仙台市郡山遺跡第Ⅱ期官衙）の所在する宮城郡域（狭義の仙台平野）の更に北方、江合川と鳴瀬川により形成された広大な地域である。七世紀中葉から後半にかけて、この地域には関東地方からの移民が多く居住し拠点集落が形成されていた。方形区画を意識し、かつ材木塀などにより防御性が高められた集落である。内部からは関東系土師器とともに在地系土師器も同等数確認され、エミシとの雑居が想定されている（菅原・二〇一五）。また正史に記録はないものの、陸奥国内からの移民も考慮しておく必要がある（鈴木拓・一九九八）。

これと関わり、この地域では早くも郡が置かれた形跡がある。『続日本紀』慶雲四年（七〇七）五月癸亥条からは信太郡が確認でき、また平野西部の東山道沿線に所在する一関遺跡が郡家付属寺院であれば、色麻郡も存在する。八世紀初頭に遡る官衙遺跡も確認されている（図1参照）。郡が置かれるということは、そこに居住する人達を戸籍に登録し、様々な税や労役を負担させることを意味する。但し、時には原住民の生産・生活圏を奪い取り、難民を生むこともあるだろう。この点を心に刻んでおきたい。

†丹取郡の新置と大規模植民政策

霊亀元年（七一五）五月、坂東六ヶ国から富民一千戸（約二万人と想定）が植民された。先行移民によりある程度の地ならしはされていたが、この規模の植民は大崎平野の姿を大きく変えるものであった。

これに先立つ和銅六年（七一三）一二月に丹取郡《にとりぐん》が新置されている。先住移民達を取り込みつつも、その本質は大量移民の行政的受け皿の設置であろう。関東系移民とエミシ系在地民が雑居していた拠点集落はこの時に全面改修されて郡家となる（名生館遺跡Ⅲ期）。軍団新設（丹取団）も一連の施策である（熊谷・一九八九）。

移配された富民の千戸とは、［五〇戸＝一里・郷］で二〇郷となり、令制の大郡に相当する規模である。後に大崎平野一帯に置かれた黒川以北十郡の郷数総計が三二郷であることを踏まえると、丹取地域に収まる植民ではないだろう。丹取は宮城郡から東山道を北進し、黒川・色麻地域を越えた大崎平野北西部にあたる。平野はそこから鳴瀬川・江合川に沿い南東に更に広がるから、丹取を拠点としつつ、その地域を越えた植民であったと思われる。単発的移民が拠点集落を形成してきたそれまでの移民策とは次元が異なっていた。

軍団（丹取団）新設がともなったことも見逃せない。兵士役は復（租調庸と雑徭の免除）の対象外であり、移配直後から徴兵可能であった。兵士の徴発は戸内の正丁三人につき一人だが、そもそも一戸から一兵士を徴発できるように戸が編成されたと考えられており、特に陸奥国への移配では正丁三人以上の戸であることが確認された（鈴木拓・一九九八）。すなわち、移配戸数の一千とは一千人の兵士を徴発する数であり、かつ一軍団は一千人により編成されるから、一千戸とは一軍団新設（丹取団）のために算出された数である可能性が高い。

丹取郡・団の新設は出羽国設置と深く関わる。出羽国は出羽郡一郡のみであったから、その内的拡充を図るため、陸奥国から最上・置賜二郡を移管される計画であった。そこで、陸奥国の物的・人的基盤の損失を補塡するため大崎平野への大規模植民政策に踏み切ったのである（今泉・二〇一五）。当然、二万人規模の植民がエミシ達を刺激することも想定していたであろうから、植民地直近への軍団新設も同時に行われた。

日毎に開墾地が拡大し、駐屯地で常備軍が軍事演習をする景観が大崎平野の日常となった。これが養老四年エミシの反乱の前史である。

†養老六年格と「柵」の時代

養老四年のエミシの反乱により、政府は陸奥国の政策転換を余儀なくされた。まず、養老二年に分置した石城・石背両国を同五年（七二一）一〇月までに再併合し（佐々木・二〇〇九）、陸奥国の新体制構築に向けての物的・人的資源の拡充（復旧）を図る。これを踏まえ、同六年閏四月に辺境支配の新方針が打ち出され（養老六年格）、更なる開発の推進とともに、重点課題として軍事強化が図られた（熊谷・二〇〇〇、今泉・二〇一五）。

軍事強化は次の二本柱からなる。一つ目は既存軍団兵士の戦力強化である。軍事教練が強力に推し進められるとともに、トネリ等の京出仕者の帰国が命じられた。トネリ等の帰国は陸奥国での軍団幹部（軍毅等）任命を視野に入れたもので、中央政府に忠実な人物を充てるとともに、中央の軍事技術の移植を目指したと考えられる。

二つ目は対エミシに特化した軍事組織［鎮官―鎮兵］制（以下、鎮兵制）の創出である。養老六年格では鎮所への穀輸納の奨励とその褒賞が指示される。この鎮所とは大崎平野各地に置かれた柵であり（熊谷・二〇〇〇）、駐屯する鎮兵の軍粮確保を目的としている。鎮兵は関東地方から差点された兵士で、軍団兵士が食料自弁の上番兵（交替勤務）であったのと異なり、常時任地に着く長上兵で食料も支給された。この鎮兵を管轄するために鎮守府が設けられ（多賀柵）、鎮守将軍を長官とする鎮官が任命された。これは［国司―軍団］と別系統の軍事力だが、陸奥国司が鎮官を兼任することで、対エミシ戦力として一体的に運用された。

城柵とは高度な防御機能（主に外郭施設）を有する官衙（国府・準国府施設・郡家）であり

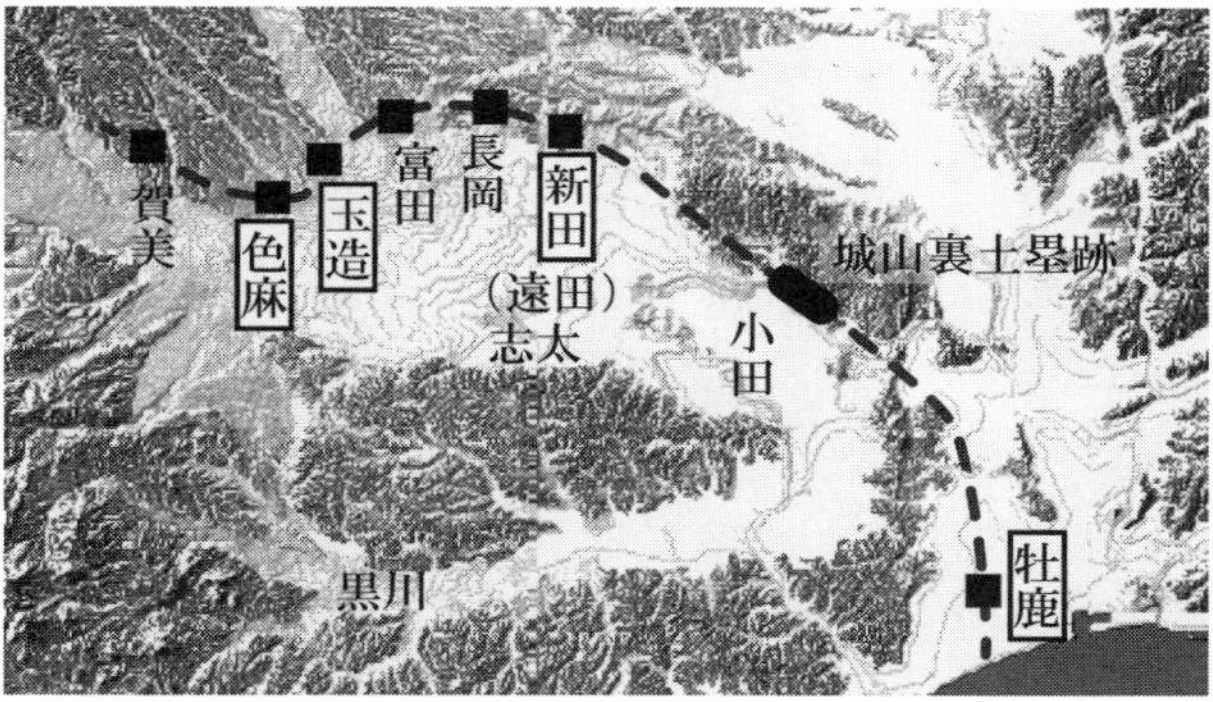

図2　黒川以北十郡と城柵による防衛ライン(カシミール3Dを使用)
■は城柵遺跡(郡家)。枠囲みの郡名は『続日本紀』等で名称が確認できる柵。破線は想定される防衛ライン(村田晃一・2015)。

(吉田・二〇一九)、またこの時に置かれた諸柵が連なることで大崎平野北辺に防衛ラインを形成していた(図2参照。八木・二〇〇一、村田・二〇〇七)。また鎮守府が置かれた多賀柵(多賀城第Ⅰ期)も大崎平野各地の柵と一体的に造営され、特に瓦は大崎平野各地の瓦窯(下伊場野・木戸・日の出山・大吉山)で生産されたものを用いている。また、防衛的利点を優先させた地形利用が認められ、軍事的色合いが濃厚である。先行国府(郡山遺跡第Ⅱ期官衙)と比較して、装飾性は著しく低下している(吉野・二〇一八)。

以後、大崎平野の開発は強大な軍事力を背景としたものになり、これを担う植民者達を再編成した特殊な郡制として黒川以北十郡が成立する。神亀五年頃に丹取郡を分割して置かれた郡の一つが玉造郡であったように、既存の郡領域や戸を再編したものもある。なお、天平二年（七三〇）成立の遠田郡（田夷による郡）は周辺諸郡の領域の一部を割き取る形で編成されたから、この時までには一体的な黒川以北十郡が成立していただろう（熊谷・二〇一九）。

養老四年のエミシの反乱に端を発し、石城・石背の併合を経て、養老六年格により陸奥国は軍事に特化した地方行政区となった。この体制移行中に起きたのが神亀元年の海道エミシの反乱である。国司（大掾）の佐伯児屋麻呂が殺害されたのも、海道地方での新体制構築に関わる業務に派遣されていたためであろうか。

†出羽柵北進と直路開削計画

神亀元年の反乱鎮圧の後、律令国家は版図拡大を再開する。舞台は出羽国である。天平五年、庄内平野の出羽柵を約九〇キロ北進させ、秋田村高清水岡（秋田市）に移転する。更に秋田村から雄物川をさかのぼった雄勝（横手盆地南半部）への建郡を命じる。

これらの命令は天平九年に実施された陸奥国府（多賀柵）から秋田村出羽柵までの直路（直線道路）開設と連動する。陸奥出羽按察使の大野東人は「陸奥国より出羽柵に達するに、道は男勝を経て、行程は迂遠なり。請ふらくは男勝村を征して、以て直路を通さむことを」（『続日本紀』天平九年正月丙申条）と、北進した出羽柵と陸奥国府間の連絡路建設に際して雄勝の征圧を求めたように、出羽柵北進と雄勝の安定化（建郡）は一組であった（今泉・二〇一五）。

新道開削の遠征には坂東から騎兵一〇〇〇人が徴発され、多賀柵と「玉造等五柵」とにそれぞれ四百人程の兵を配し、また勇健な一九六人を遠征軍に編成した。同年二月から賀美郡を起点とした奥羽山脈越えの道路開削が開始され、四月には出羽国の派遣軍と合流しヒラホコ山（神室山）にまで至る。しかし、その年は大雪であり、農作業の開始が著しく遅れること等を考慮し、更なる進軍・開削は中断された（青木和夫等校注『新日本古典文学大系　続日本紀二』岩波書店、一九九〇年）。本来であれば直ちに再開されるはずであったが、天然痘流行や、聖武天皇の仏教政策とも関わり、再開の見通しは立たなかった。

✝藤原仲麻呂政権期以降の東北政策

天平宝字元年（七五七）に雄勝城造営が開始され、雄勝郡は平鹿郡とともに同三年（七五九）に建置された。世は藤原仲麻呂専制権力の時代である。養老六年格による陸奥国制改革が功を奏し、また神亀年間・天平年間の聖武天皇の版図不拡大方針もあり、陸奥国は安定した時代であった。しかし、藤原仲麻呂による北方政策は聖武のそれとは異なっていた（鈴木拓・二〇〇八）。

仲麻呂の意を体した息子・藤原朝獦が陸奥出羽按察使かつ鎮守将軍として赴任し、桃生・雄勝両城の造営と、出羽柵（秋田城）・多賀柵（多賀城）の大規模修造を矢継ぎ早に実施する。

前述のように、雄勝は［陸奥国府―出羽柵］間連絡路の要衝の地である。また桃生は大崎平野の東部、牡鹿郡の北方で海道地域の玄関口にあたる。北進すると「歴代の諸将、未だ嘗て進討せざる」地で、後に桃生城を襲撃したエミシの拠点である遠山村に至る。桃生城の造営はエミシ達を過剰に刺激するものであった。

多賀柵の大規模修造は、真碑と確認された多賀城碑（安倍・一九八九）によると天平宝字六年（七六二）頃の藤原朝獦による事業であり、発掘調査からも多賀城Ⅰ期を全面改修し荘厳性を増したものであったことが確認された。また、外郭施設も拡大し、特に南辺では小高い丘の上に荘厳な南門を新築した。南門からは南北大路が延び、ちょうど一里の所で東西大路と交差する。交差点付近には朝貢するエミシを安置・接迎する施設が置かれた（井上・二〇一〇、二〇一九、鈴木琢・二〇一三）。多賀城はむき出しの軍事力ではなく、エミシの朝貢を受け、かつ饗宴と賜禄を行う律令国家の威容を示す場となっていく。

出羽柵の大規模改修も発掘調査により確認されている（秋田城Ⅱ期）。天平宝字四年三月一九日付丸部足人解（『大日本古文書』第二五巻採録）には「阿支太城」とあり、この頃に出羽柵から秋田城へと改称されている。

仲麻呂政権期に続く道鏡政権期では、大崎平野の更に北の栗原に伊治城を造営する。神護景雲元年（七六七）には栗原郡を置き、同三年には伊治城《これはり》や桃生城への移民が奨励される。この新たな城柵への積極的植民政策は、霊亀元年の大移民政策を彷彿とさせ、エミシ達の危機感を煽ったに違いない。

†三十八年戦争

宝亀五年（七七四）、陸奥国で発生した海道エミシによる桃生城襲撃を皮切りに、弘仁二年（八一一）の文室綿麻呂の征夷まで続く、いわゆる三十八年戦争の時代に突入する。宝亀一一年、伊治君呰麻呂は按察使紀広純を殺害し、これに応じたエミシ軍は南進して多賀城を焼き討つ。この反乱は道嶋大楯に対する呰麻呂の私怨によると説明されることもあるが、それのみでこの大規模な反乱は説明できない。更なる北方進出を目的とした覚鱉城《かくべつ》（岩手県一関市付近か）造営に対するエミシたちの危機感こそが重要である。

持節征東将軍藤原小黒麻呂は伊治公呰麻呂の反乱の鎮圧を命じられたが、十分な戦果を上げることなく天応元年（七八一）に帰還し、桓武天皇に節刀を返還した。この後の桓武天皇の時代は「まさに今、天下の苦しむところは、軍事と造作なり」（『日本後紀』延暦二四年一二月壬寅条）といわれる戦争の時代となる。それまで反乱鎮圧が征夷の主体であったが、桓武は積極的に敵地に攻め上っていく。

延暦三年（七八四）には大伴家持を持節征東将軍に任じ征夷が計画されるが、直後の家持の死により頓挫した。その後、同八年には紀古佐美を征東大将軍とする本格的な征夷が実施されるものの、アテルイ率いるエミシ勢に大敗してしまう。当初、桓武天皇の征夷は思うように事が運ばなかった。その後、坂上田村麻呂を起用した同一三年と同二〇年の征夷を大勝利でおさめ、同二一年（八〇二）造陸奥国胆沢城使として派遣されていた田村麻呂のもとにアテルイとモレが降伏する。

桓武天皇による征夷は積極的かつ計画的に実施されていくが、これと並行した造都計画も無関係ではない。すなわち、征夷の成功と新都造営（長岡京・平安京）とを一体化し、大事業を成し遂げた偉大な天皇を演出することで、権威発揚の手段としていくのである（鈴木拓・二〇一九）。新都平安京の目抜き通りを、征夷軍が勝利の凱旋をする。桓武の権威はいよいよ最高潮に達するのである。

律令国家の版図は一挙に北進する。まず胆沢城のもとに磐井・江刺・胆沢の三郡がおかれ、間もなく岩手県中央部に志波城が造営される。この地域には弘仁二年になって和賀・稗縫・斯波の三郡が置かれ、この地域と接する幣伊村と爾薩体村への征夷により安定化が図られ（新野・一九八九）、三十八年戦争の時代は終わりを迎える。

参考文献

安倍辰夫・平川南編『多賀城碑――その謎を解く』雄山閣、一九八九年
井上信正「大宰府朱雀大路沿いの大型建物群と出土品」『都府楼』四二、二〇一〇年
井上信正「「西の都」の大宰府と外交施設」九州国立博物館アジア文化交流センター研究論集第一集『大宰府学研究』二〇一九年
今泉隆雄『古代国家の東北辺境支配』吉川弘文館、二〇一五年
熊谷公男「黒川以北十郡の成立」『東北文化研究所紀要』二一、一九八九年
熊谷公男「養老四年の蝦夷の反乱と多賀城の創建」『国立歴史民俗博物館研究報告』八四、二〇〇〇年
熊谷公男編『東北の古代史3　蝦夷と城柵の時代』吉川弘文館、二〇一五年
熊谷公男「奈良時代陸奥国北縁部における建郡と郡制」同編『古代東北の地域像と城柵』高志書院、二〇一九年
佐々木茂楨「古代陸奥国の「名取以南一十四郡」と多賀・階上二郡の権置」『国史談話会雑誌』五〇、二〇〇九年
佐藤敏幸「多賀城創建にいたる黒川以北十郡の様相　海道地方」『第二九回古代城柵官衙遺跡検討会資料集』二〇〇三年
菅原祥夫「律令国家形成期の移民と集落」熊谷公男編『東北の古代史3　蝦夷と城柵の時代』吉川弘文館、二〇一五年
鈴木拓也『古代東北の支配構造』吉川弘文館、一九九八年
鈴木拓也「天平九年以後における版図拡大の中断とその背景」今泉隆雄先生還暦記念論文集刊行会『杜都古代史論叢』二〇〇八年

鈴木拓也『戦争の日本史3　蝦夷と東北戦争』吉川弘文館、二〇〇八年
鈴木拓也「延暦十三年の征夷と平安遷都」熊谷公男編『古代東北の地域像と城柵』高志書院、二〇一九年
鈴木琢郎「蝦夷の朝貢・饗給と多賀城」『福大史学』八二、二〇一三年
高橋誠明「多賀城創建にいたる黒川以北十郡の様相　山道地方」『第二九回古代城柵官衙遺跡検討会資料集』二〇〇三年
新野直吉『古代東北の兵乱』吉川弘文館、一九八九年
村田晃一「陸奥北辺の城柵と郡家」『宮城考古学』九、二〇〇七年
村田晃一「版図の拡大と城柵」熊谷公男編『東北の古代史3　蝦夷と城柵の時代』吉川弘文館、二〇一五年
八木光則「城柵の再編」『日本考古学』一二、二〇〇一年
吉田歓「国庁・郡庁と城柵政庁」熊谷公男編『古代東北の地域像と城柵』高志書院、二〇一九年
吉野武「第Ⅰ期多賀城の特質」『日本歴史』八三九、二〇一八年

第4講

城柵支配の変容と社会

大堀秀人

†北辺の城柵の一齣から

アテルイたちとの戦いを経た延暦二一年（八〇二）、その本拠地を押さえるべく胆沢城《いさわ》が造営された。胆沢城には大同三年（八〇八）までに多賀城《たが》から鎮守府が移され、その後のエミシ支配で重きを置くこととなる。

史跡としての胆沢城跡は岩手県奥州市に所在する。一辺約六七〇メートルの築地塀で方形に囲まれた敷地の中には様々なエリアが確認されているが、その内の厨地区にある井戸跡から「勘書生吉弥侯豊本《きみこのとよもと》」と記された九世紀末〜一〇世紀前半頃の木簡が出土した。「書生」は下級の書記官のことで、書生の吉弥侯豊本なる人物が（何らかの物品を）勘検した、という内容である。注目されるのは、豊本が俘囚出身者にみられる「吉弥侯」の姓を有していることである。

奈良時代末から平安時代初頭にかけて、エミシ社会と律令国家は古代史上最大規模の戦争を経験した。その間も実際には様々な交流があったとはいえ、両者の対立は最高潮に達していた。

しかし、それから一世紀も経とうかという頃には、エミシ系の人物が城柵のスタッフとして働くような状況が生まれていたのである。では、そこに至るまでに一体どのような歩みがあったのだろうか。

本講では平安時代前期の東北史の展開について、前代からの変化に目を向けながら概説していきたい。

†延暦末年の城柵造営

律令国家は新たに獲得した地域を治めるため、胆沢城の設置に続けて、延暦二二年に陸奥側の最北の城柵である志波《しわ》城（岩手県盛岡市）を造営した。志波城は胆沢城を凌ぐ一辺約八四〇メートルの築地塀で正方形に囲まれている。

一方、出羽側においても、同時期に城柵をめぐる動きがあった。一つは第二次雄勝《おがち》城説が有力視される払田柵跡《ほったのさく》（秋田県大仙市）の造営である。その工事は年輪年代測定の成果などに基づき、延暦二〇年からその翌年頃にかけて行われたとされる。

払田柵は二重の区画施設で楕円形に囲まれており、その範囲は東西一三七〇メートル、南北七八〇メートルと城柵の中では最大級である。第一次雄勝城に該当する遺跡は見つかっていないが、雄勝郡内にあったとされる。対して払田柵が所在するのは横手盆地北部の山本郡であり、位置的にいえば北進したということになる。

もう一つは秋田城の改修である。延暦二三年にようやく秋田郡が設置され、それに伴う整備とみられている。

こうして、現地では城柵の造営が相次いだわけだが、実は、その裏では新たな計画も進行しつつあった。それは桓武《かんむ》朝の第四次征夷で、延暦二三年に坂上田村麻呂《さかのうえのたむらまろ》は再び征夷大将軍に補任されている。志波城と払田柵はともに北を意識した地域に最大規模で築かれた。また、両城に胆沢城を含めた三城柵は相互の連携に適した位置にある。延暦末年の造営ラッシュは、現地の支配体制の構築に加え、戦略的な見地も踏まえたものと思われる。

しかしながら、結局、この計画が実現することはなかった。長年にわたる戦争がもたらした深刻な国家財政の窮乏と民衆の疲弊を、いよいよ直視せざるをえなかったのである。

†エミシ政策の転換

延暦二四年、勅により藤原緒嗣《ふじわらのおつぐ》と菅野真道《すがののまみち》の二人に「天下の徳政」を議論させた（徳政相論）。桓武天皇は、民衆を苦しめる征夷と造都を中止すべきだとする緒嗣の主張を採用し、ここに、自身の治績を象徴する二大事業に終止符が打たれた。その後の中央政府は積極的な北進策を放棄し、現状維持の消極的な態度を強めていく。

この大転換を受け、東北経営において真っ先に着手されたのは、最も重い負担が課せられていた東国を解放することであった。東国からの移民政策は、胆沢城造営に伴う四〇〇〇人の移配を最後に、史料上確認できなくなる。また、東国からの鎮兵派遣も停止され、しばらくの間は陸奥国内から鎮兵が徴発された。特に、移民政策が終わりを迎えた意味は大きく、従来型の東北経営では、エミシの地に城柵を設置し、そこに移民を送り込んで、律令制支配の定着を図った。また、移民は城柵を維持するための人的・物的な基盤でもあり、郡郷の支配機構も移民系の住民で固められていた。しかし、このような移民に比重を置いたあり方が継続不能に陥ったのである。

それに伴って、現地ではエミシの存在感が増していく。もはや、エミシを許しがたい敵として押しとどめることは不可能であり、彼らの実力を本格的に取り込んだ現地支配の方法が模索されていった。

以上のような政策の変化は、徳政相論後の征夷である弘仁二年（八一一）の征夷にも反映されている。例えば、軍の構成をみてみると、桓武朝の征夷では、東国を中心に最大一〇万人の軍士が集められたのに対し、弘仁二年の征夷では、陸奥・出羽の現地兵力のみ動員され、しかも実戦においてはエミシの軍隊（俘軍）が主力とされた。また、桓武天皇は征夷に執念を燃やし、主導的に事業を推し進めたが、弘仁二年の征夷は、元は陸奥出羽按察使《あぜち》の文室綿麻呂《ふんやのわたまろ》らの発案によるもので、嵯峨《さが》天皇が征夷の延期を求める場面もあった。

弘仁二年の征夷の終結に際して、綿麻呂は常備兵力の削減と、しばしば水害に遭っていた志波城の移転にも着手した。その移転先が約一〇キロ南方に位置する徳丹《とくたん》城（岩手県矢巾町）である。徳丹城は、平地に方形というプランでは胆沢城・志波城と共通するが、その規模は一辺約三五五メートルであり、移転前と比べて格段に小さい。立地も志波城から南に後退しており、その理由はやはり、方針の転換に求められる。徳丹城の姿は時代の変化を象徴的にあらわしているのである。

†奥郡の騒乱

弘仁二年の征夷により軍事的緊張は大幅に緩和され、民衆の負担減が進められていった。とはいえ、直ちに平穏な日々が訪れたというわけでもなく、エミシに対する警戒はその後もみえ、断片的ではあるが、同四年にも征夷が行われた形跡がある。

そして、九世紀も中頃に入ると、在地情勢は再びの悪化をみせた。承和三年（八三六）から同七年にかけて、「奥郡」と呼ばれた陸奥国の黒川郡以北の地域で、連年のように百姓が逃亡し、エミシたちが武装して集結する事態に陥った。さらに、斉衡元年（八五四）にも騒乱が激化し、翌年には、エミシ集団同士が殺傷しあう事態にまで発展している。

こうした一連の騒乱には、征夷終焉後の東北社会が抱えた問題が集中してあらわれている。一つは、征夷とそれに伴って行われた数千人規模のエミシの内国移配が、エミシ社会の秩序に大打撃を与えたことで、もう一つは、長年敵対させられてきたエミシ系の住民と移民系の住民の間に、深刻な相互不信・対立の関係が形成されていたことである。さらに、この頃は火山噴火や地震、飢饉といった災異が相次ぎ、在地社会は一層の混乱に陥った。

騒乱への対応として、現地官人らは臨時の兵士を徴発し、守備を固め万が一に備えた。しかし、問題の本質は社会秩序の不安定化と辺境住民間の対立にあり、その解決にこそ向き合わなくてはならなかった。

その点で重要だったのが、騒乱の鎮静化にエミシ系豪族の武力が活用されたことで、特に承和年間には彼らへの武勲による叙位（位階授与）が集中している。その多くは新興層とみられるが、律令国家との協力関係を通じ、地位を高めることで成長を遂げていった。事態が鎮静化されただけでなく、エミシ社会を統率する新たなリーダーが生まれつつあったのである。

さらに、九世紀にはエミシに対して、エミシ特有の姓とされた地名＋公《きみ》という姓ではなく、一般の公民と変わらない、臣《おみ》や直《あたい》、連《むらじ》といった姓が与えられるようになった。また、災害時には移民だけでなくエミシ系の住民も含めた救済が命じられるようになる。これらの施策は、それまで身分的に峻別されてきた両者を一体的に取り扱う試みであり、長期的には両者の区別の曖昧化と社会的融合を促した。

なお、この騒乱と関係するかのように、九世紀中頃に徳丹城が廃絶するが、陸奥北部の支配拠点として、鎮守府の胆沢城に権限を集約する狙いがあったとされる。この段階で残った城柵は、陸奥国では多賀城と胆沢城、出羽国では秋田城と雄勝城、そして九世紀前半の創建で平安期の出羽国府とされる城輪柵跡《きのわのさく》（山形県酒田市）の五城柵（陸奥国の玉造塞《たまつくりさい》の捉え方次第で六城柵）で、これが最終的な城柵の体制となり、一〇世紀中頃まで機能した。

†元慶の乱

出羽国では、たびたび災害や飢饉・疫病に襲われたが、征夷の主戦場であった陸奥国とは異なり、比較的平穏な状態が続いていた。しかし、九世紀も末近い元慶二年（八七八）、エミシの大反乱が突如発生した（元慶《がんぎょう》の乱）。

戦闘の始まりは同年三月のことで、秋田城下の一二村のエミシたちが、秋田城や周辺地域を焼き討ちして陥落させた。緒戦では反乱軍の攻勢がすさまじく、秋田河（雄物川）以北を「己《おの》が地」にするという独立要求まで突き付けられた。そうした中、現地では定員外の官である権《ごん》官《かん》を中心に司令部が組織され、出羽権守《ごんのかみ》の藤原保則《ふじわらのやすのり》に指揮が委ねられた。

保則は救援に来た上野国軍を政府軍の拠点（秋田営）の防衛にあてる一方で、政府側についた秋田城下の添河《そえかわ》・覇別《はべつ》・助川の三村と、雄勝・平鹿・山本三郡のエミシたちに反乱軍を攻撃させた。さらに、七月には坂東諸国の増援軍が到着し、形勢は政府軍優位へと転じていく。八月中旬には、反乱軍の戦意が衰えたとする奏上がなされ、以降は反乱軍の降伏が続く。上津野（鹿角）方面から救援に向かった鎮守将軍の小野春風《おののはるかぜ》は、エミシの言葉（夷語）に通じており、反乱勢力の説得を試みた。乱終了後の元慶五年に陸奥蝦夷訳語《おさ》の物部斯波連永野《もののべのしわのむらじながの》に外従五位下が与えられているが、訳語とは通訳のことで、彼はその能力と、進軍の経由地である斯波地域に本拠地があるという地の利を活かし、説得作戦に随行したのだろう。

しかし、反乱軍の戦力が低下し、投降が相次ぐ中、彼らの降伏を受け入れるか、それとも厳しい態度で臨み攻勢を貫くかで、現地では路線の対立が生じていた。中央政府は征討の継続を命じたが、最終的には元慶三年三月に、保則が中央政府に対し、長文の奏上でこれ以上攻撃を続けることがいかに困難であるかを説いたことで、戦闘の終了が決定された。

以上が元慶の乱の顛末であるが、では、この反乱はどうして発生したのだろうか。延喜七年（九〇七）に成立した保則の伝記『藤原保則伝』では、秋田城司の良岑近《よしみねのちかし》の苛斂誅求が反乱の原因とされており、正史である『日本三代実録』の記述をみても、国司に非があったことがうかがえる。エミシの中には「愁状十余条」を提出し、悪政を訴えた者もいた。

エミシには調庸は課されないが、出挙は行われており、城下のエミシを苦しめた負担の一つとして挙げられる。それに加え、エミシは馬や鷹、毛皮といった北方の産物も貢進物として納めていた。これらは都の人々にとって垂涎の的であり、現地官人の関心も当然高かったと思われる。秋田河以北を「己が地」にするという政治的主張も見過ごせないが、収奪という経済活動面の問題が反乱に関わる重要な要素とされるのは、元慶の乱の特徴であり、新しさである。

そして実は、元慶の乱には北方社会の動静も深く関わっていた。津軽エミシの中には、反乱軍に加わった集団がいたが、一方で北海道の渡嶋《わたりしま》エミシと一緒に政府軍への協力を申し出る集団もいた。その渡嶋エミシは、出羽国に定期的に来貢する（主な窓口は秋田城であろう）関係を結んでいたが、乱勃発の三年前には秋田・飽海両郡を襲撃する事件を起こしている。元慶の乱の背景には、北方の社会集団をも巻き込んだ、複雑な利害関係を想定しうるのである。

†城柵に組織されるエミシ

ここまで、平安前期の東北地方で起きた主要な出来事を概観してきた。九世紀初頭に政策の大転換がなされたことで、現地支配ではエミシ自身の力に目が向けられ、彼らの登用が進められた。弘仁二年の征夷でも、奥郡の騒乱でも、元慶の乱でも、鍵を握っていたのは様々なエミシたちである。

エミシが登用された場面は、戦乱時だけではなく、例えば、エミシの中には平常時の城柵の機構に取り込まれる人々もいた。その一例が本講冒頭で紹介した吉弥侯豊本である。また、元慶の乱において「愁状十余条」を提出したエミシは、文書行政に精通していたからこそ、かような行動に出ることができたのだろう。

前節で登場した蝦夷訳語の存在も城柵とエミシの関係を考えるうえで注目される。物部斯波連永野の場合は、鎮守将軍の指揮のもと、作戦に随行したことが推測されるが、秋田城跡からは「譯」(「訳」の旧字)と記された墨書土器が出土しており、蝦夷訳語は城柵に常駐していた可能性が指摘されている。実態には不明な点が残るが、城柵の影響を地域社会に広げていくうえで、こうした仲介者は重要な役割を果たしたと思われる。また、出羽国には渡嶋エミシが来貢していたが、蝦夷訳語の問題は、北東北に限らず、北海道の住民との交流も視野に入れることができるのではなかろうか。

さらに、城柵の周辺に住むエミシたちも組織化されていった。秋田城跡からは近郡のエミシと思しき人名が列記された漆紙文書《うるしがみもんじょ》が出土しており、個人レベルで掌握される場合があった。一方、元慶の乱でみたように、秋田城下の地域は村という単位で把握され、収奪の対象となった。村は郡制施行地外にも分布し、そこでは族長を介した間接的な支配が行われたとされる。組織化の方法は、城柵との距離や関係に応じて使い分けられたのだろう。

現地の官人たちはエミシを城柵につなぎとめるため、饗給《きょうきゅう》と叙位という自らの職権を最大限に活用した。饗給はエミシの朝貢に対してなされる賜饗賜禄で、当初は都と現地の城柵で行われていたが、宝亀五年（七七四）以降は現地での実施に一本化され、それに伴い、エミシへの叙位の権限が現地官人に委譲された。饗給を効果的に演出するには位階が必要不可欠だったのである。

九世紀から一〇世紀前半にかけて、現地官人によるエミシへの叙位の乱発が問題視されている。それだけ饗給が盛んに行われたということだが、一方で、当時のエミシ社会において、位階への希求がいかに高かったのかも示している。もっとも、饗給は朝貢とセットであるから、饗給の盛行には、エミシからの貢進物を体よく収奪するという目的もあった。

なお、城柵朝貢への一本化以降、陸奥・出羽の調庸は京進されず、その全てが饗給の財源に充てられるようになったとされる。両国において調庸を安定的に徴収できるのは、律令制支配の確立した南の地域であった。軍制を含め、律令国家のエミシ支配は平安時代に至っても変わらず、東北南部の支えなくしては成り立たなかったことを強調しておきたい。

†移動するモノ・ヒト・文化

城柵はエミシ社会と律令制社会が接触する最前線でもあり、平安時代初頭に城柵が北進した位置に築かれると、両者の交流は一層進んでいった。その内、エミシとの交易は、律令国家の一貫した関心事項である。前述した城柵朝貢・饗給の体制は、当国の調庸を財源にエミシからの貢進物を得る、国家的な一種の交易体制ともいえる。

しかし、交易は公的な形式のみで行われたのではなく、都の王臣家はそれぞれ現地に使いを出し、また「商旅の輩」と呼ばれるような集団も参入して、エミシ社会の生産物を求めた。さらに、現地官人も城柵朝貢・饗給によらない私交易に手を出しており、エミシとの交易は公私にわたる様々なルートで行われた。ただし、まだこの時代では、集められる品目や量が不安定で、収奪が度を過ぎれば元慶の乱のような戦乱に発展する危険もあった。

文化的な交流としては、文字文化が北辺のエミシ社会に流入し、北東北の遺跡では、平安時代に入ってから文字資料が広くみられるようになる。また、仏教文化も広がりをみせ、岩手・秋田県域で寺院や仏堂の展開が確認できるほか、「寺」と記された土器は青森県の遺跡からも出土している。仏教の浸透は当然エミシの宗教観に変化をもたらしたであろうが、それに加え、普遍的な教理を持つ仏教には社会統合の機能が備わっており、その受容を通じて、孤立分散的といわれるエミシ社会の統合も促進されたと考えられている。

その他、この時代には律令制社会からの大量の逃亡民がエミシ社会に流れ込んでいる。また、一部の官人は赴任すると現地に基盤を築き、その中には留住・土着する者もいたが、地域の住民たちは権威を求めて彼らと関係を結んでいった。こうした様々なタイプの人間も社会の変容に関与していたのである。

征夷の終焉により、エミシと律令国家の関係は新たな段階に入り、政策が転換していく中、社会には新たな活力も生まれてきた。それでも、長年の戦争が残した傷痕は深く、争いの火種はくすぶり続けた。また、北方交易には未熟な面がみられたが、北辺支配の実態についても、実際には様々な議論がある。

しかし、この時代にあらわれた変化は、やがて辺境の大豪族、安倍氏・清原氏へと結実していく。彼らは北東北の社会を基盤とし、北方世界とも深く関わりを持ちながら、中央氏族に連なる姓を有し、北辺の城柵に由来する一定の公的な地位のもと、独自の勢力を築きあげるのである。

参考文献

今泉隆雄『古代国家の東北辺境支配』吉川弘文館、二〇一五年
熊谷公男「平安初期における征夷の終焉と蝦夷支配の変質」『展望日本歴史6　律令国家』東京堂出版、二〇〇二年、初出一九九二年
熊谷公男「九世紀奥郡騒乱の歴史的意義」『律令国家の地方支配』吉川弘文館、一九九五年
熊谷公男「古代蝦夷と仏教」『歴史と地理』六二五、山川出版社、二〇〇九年

熊谷公男編『アテルイと東北古代史』高志書院、二〇一六年
熊田亮介・八木光則編『九世紀の蝦夷社会』高志書院、二〇〇七年
鈴木拓也『古代東北の支配構造』吉川弘文館、一九九八年
鈴木拓也編『東北の古代史4　三十八年戦争と蝦夷政策の転換』吉川弘文館、二〇一六年
樋口知志編『東北の古代史5　前九年・後三年合戦と兵の時代』吉川弘文館、二〇一六年

第5講

古代から中世への変革と戦乱

永田英明

†平安時代東北史へのアプローチ

東北地方の一〇・一一世紀をどう捉えたら良いのかという問題は、なかなかの難題である。「律令体制」と奥州藤原氏の時代のはざまにあるこの時代を、史料の制約を乗り越えて描こうという試みは、もちろんこれまでも数多く行われてきた。その中で最も多くの関心を集めてきたのが、前九年合戦（一〇五一～六二）で突如表舞台に登場してくる安倍氏・清原氏であろう。一九七八年の大石直正「中世の黎明」（『中世奥羽の世界』）は、この両氏の問題を軸に据えながらも、東北における古代から中世への転換という大きな歴史の流れを描きだした先駆的研究であり、今読みなおしても様々な示唆に溢れている。この時代を勉強する上で最初にお勧めしたい文献である。

今でも、この時代を描くことの難しさは基本的には変わっていない。しかしその後の研究によって、少しずつ材料も増えてきた。特に重要なのは、古代史側の視点から、平安時代中期の国家や社会を捉え直す動きが進んだことと、後述する防御性集落の問題など東北北部におけるこの時代の考古学的知見が蓄積されてきたことであろう。それは、安倍・清原氏の問題のみに集まりがちな平安時代東北史の視点を多面的に広げていくうえで重要だと思う。本講では、これらの知見をふまえつつ、国家と東北、諸地域の関係性という問題を意識して、この時代の「東北史」の視座と課題を整理してみたい。

†奥羽の受領と貢納制

近年、受領《ずりょう》（一国内の支配を一任され中央への貢納を請負う最上位の国司）の役割を軸にした形で、一〇・一一世紀の国家と地方の関係がかなり解明されてきた。そこでこの受領を軸にして、陸奥・出羽両国と国家の関係を見ていこう。まず貢納制・税制について。律令体制下の国司は国内で徴収した調庸物を毎年中央に貢納する義務を負ったが、陸奥・出羽両国は八世紀前半以後調庸を京進せず夷禄（エミシに与える禄）などに使うこととされていた。それは、当時の政府にとって、エミシの支配という課題が、中央への貢納に優先する課題であったことを示している。ところが一〇世紀になると、建前としてこの原則を温存しつつ、中央への貢納制が別の枠組みで強化されていくのである。その代表が金であった。陸奥からの貢金は天平二一年（七四九）以来のもので一〇世紀に始まったわけではないが、当時の公卿の日記には、任期中に死去した受領の金を代わりに誰に納入させるかが問題にされたり、宋人に支給する金を陸奥に催促したりなど（いずれも『小右記』）、陸奥の金を強く求める政府の姿勢がうかがえる。

陸奥の金は当時対外貿易の支払手段として宮廷社会に欠かせないものであり（吉川・二〇〇二）、その貢納実績は陸奥の受領の成績評価に反映された。このほかにも朝廷の諸行事で使う絹を陸奥・出羽から貢納させる臨時交易絹や、陸奥臨時交易馬と呼ばれる貢馬が一〇世紀に登場し、一〇世紀後半にかけ整備されている。さらには鷲羽・獣皮など北海道産物の貢納も発展していくが、これについては後述する。

†奥羽の受領と国内支配

受領たちは、交易や雇用労働などによってこれらの貢納物を国内から調達したと考えられるが、その財源調達の仕組みもこの時期に大きく変化していった。律令体制の基本的税制である調・庸の制度は、戸籍制度の空洞化によって九世紀後半以降実質を失い、また公出挙の利稲を国郡の正倉に蓄積し、八世紀後半中央の需要に応じ消費を拡大させていった正税稲も、出挙の未納が累積する中、次第にその実体を失っていく。そうした中で、一〇世紀末頃を画期に新たに一般化してくるのが、耕作田地の面積に応じ所定の税率（公田官物率法）を課税する、新しい税制であった。

表1　陸奥国南部における郡の分割（大石・1990を基に作成）

分割前	分割後
白河郡	白河郡
	石河郡
	高野郡
会津郡	会津郡
	大沼郡
	河沼郡
信夫郡	信夫郡
	伊達郡
磐城郡	磐城郡
	楢葉郡

受領は、土地の集積を進める在地の豪族（富豪）にこの新たな地税を負担させようとし（負名体制）、一〇世紀末ころには、受領が京でスカウトした郎等や「在庁」とよばれる在地の豪族を組み合わせた国衙の機構を整備し新たな徴税・支配のシステムをつくりあげた。同じ時期に古代以来の「郡」という地方単位も再編され（郡郷制）、陸奥国でもこの頃、遅くとも一一世紀前半頃までには南部の福島県域を中心に古代の郡を分割して新しい郡が置かれたと考えられている（大石・一九九〇）。奥羽両国での在庁（介以下の任用国司号を持つことも多い）や郡郷司の状況は不明な点が多いが、一二世紀初め頃の成立と言われる『今昔物語集』には、平《たいらの》維叙《これのぶ》（九九〇〜九五在任）が任初の国内神社巡行で「年老テ旧キ事ナド思ユラムカシト見ユル庁官」からある郡の小祠の由緒を聞き神社を復興した話（巻一九—三二）や、陸奥国の「勢徳アル」兄弟のうち「国ノ介ニテ政ヲ取行ヒケレバ国ノ庁ニ常ニ有ケル」兄の子どもを弟が救い出す話（巻二六—五）などがみえる。在庁は一方で再編された郡の郡司を兼ねることもあり、長徳二年（九九六）に陸奥大掾という任用国司号を持つ吉彦守正《きびこのもりまさ》という人物が牡鹿郡（宮城県石巻市周辺）の郡司候補者となったのはその一例だろう（『小右記』長徳二年一〇月一三日条）。

表2　10-11世紀の陸奥出羽の騒乱・紛争

延喜3（903）	陸奥・出羽　（内容不明　飛駅言上）
天慶2（939）	出羽　凶賊逆乱、秋田城軍と合戦（俘囚反乱）
天慶3（940）	将門の陸奥出羽両国襲撃計画
天慶3（940）	将門の弟将種と義父伴有梁の謀叛計画
天暦元（947）	鎮守府将軍貞盛の使を狄坂丸らが殺害 →討伐申請
安和2（969）	国守致正と権守貞成の訴訟
貞元元（976）	陸奥国某郡不動穀21棟焼失
長徳4（998）	この頃、平維茂と藤原諸任の所領をめぐる訴訟 →陸奥守藤原実方の死後、両者の合戦
寛弘3（1006）	平八生を陸奥国押領使に任じる官符申請
寛仁2（1018）	陸奥守藤原貞仲と鎮守府将軍平維良の合戦
永承6（1051）	安倍頼良、陸奥守藤原登任・出羽城介平重成と合戦
天喜4（1056）	安倍頼良・藤原経清らと陸奥守源頼義の合戦
延久2（1070）	陸奥守源頼俊、衣曽別島および閉伊七村への遠征
永保3（1082）	清原家衡・清衡、同族清原真衡宅を襲撃
応徳3（1086）	清原清衡・陸奥守源義家、清原家衡・武貞らと合戦

奥羽の「兵」と受領

奥羽の受領と国内勢力の関係は軍事面でも見ておく必要がある。この時期の奥羽では、坂東同様武名を売りにする「兵《ツワモノ》」が活動していた。『今昔物語集』（巻二五―五）には、歌人として著名な藤原実方が陸奥守に在任した頃（九九五〜九九）の、平維茂《たいらのこれもち》（余五将軍）と藤原諸任《ふじわらのもろとう》（沢股四郎）という「国ノ内ノ然ルベキ兵」の話がある。二人は些細な「田畠の事」で対立し、各々が実方に訴え出たものの実方は裁定を下さず任期中に死去、その後二人は合戦となり、維茂は諸任の奇襲に苦戦しつつこれを討ち取り「東八国」に武名をあげたという。維茂は平維叙《これのぶ》と同様平将門の乱で活躍し鎮守府将軍や陸奥守もつとめた平貞盛の子（養子）で、藤原道長に豪奢な品々を献上した鎮守府将軍 平 維良《たいらのこれよし》と同一人物との説もある（野口 二〇二一）。

一方諸任も藤原秀郷の孫で、つまりどちらも平将門の乱で名を挙げた東国軍事貴族の一族であった。他にもこのような「兵」が陸奥国内におり、実方の着任時には「国ノ内ノ然ルベキ兵共」が「夜ル昼ル館ノ宮仕」したという。それは受領への奉仕であるとともに「やんごとなき公達」＝有力貴族とのコネ作りでもあった。一方で、受領と距離を置き状況によっては抵抗する者も少なくないようで、寛弘三年（一〇〇六）、陸奥国は、国内の「奸犯の者」「凶賊」を鎮めるためやはり坂東平氏の一族平八生という人物の押領使への正式任用を太政官に申請している（『類聚符宣抄』巻七）。そうした国内の武装集団をいかに指揮下に置くかが、受領にとっての難題であった。

†エミシ支配の変容と鎮守府・秋田城

胆沢城鎮守府（岩手県奥州市）と秋田城（秋田市）、それに第二次雄勝城と推定される払田柵《ほったのさく》跡（秋田県大仙市）は、北緯四〇度線の南側に古代国家がエミシ政策の拠点として設置した最北端の城柵で、鎮守府と秋田城には、現地に常駐する城柵守備・経営の責任者として鎮守府将

図1　10-11世紀頃の奥羽中・北部

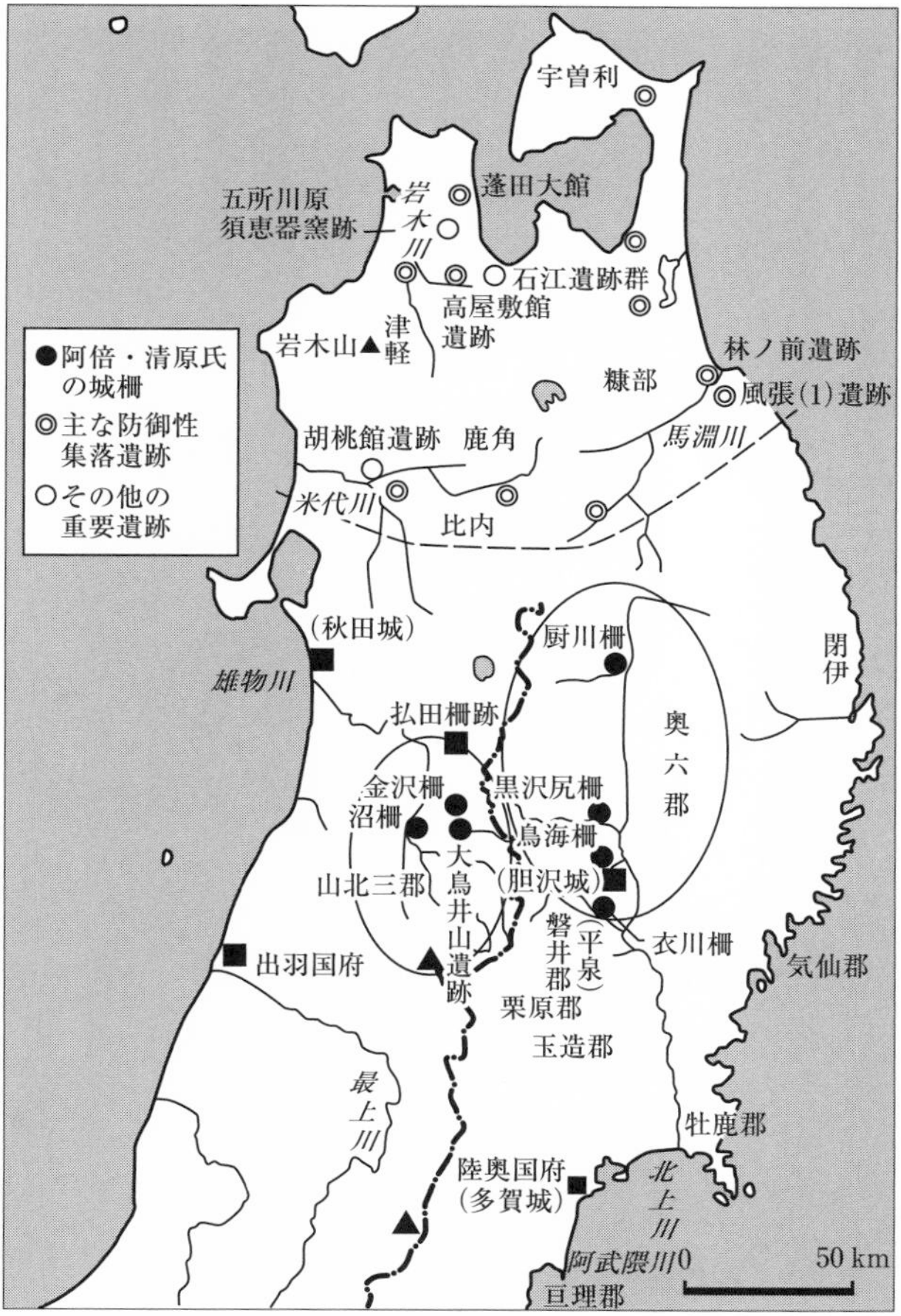

軍・出羽城介（秋田城介）が一〇世紀以降も任命された。この時期の鎮守府将軍や秋田城介には、先に見たような坂東・奥羽に地盤を持つ軍事貴族が少なくない。

律令体制下では軍団兵士・鎮兵・健士《こんし》と服属エミシ（俘囚）などがこれらの城柵の守備に動員されたが、戸籍制度が崩壊してしまうこの時期に軍団兵士や鎮兵の徴発は困難になっていたと思われ、それに頼らない軍事力の確保が課題となったはずである。天慶二年（九三九）に秋田城で俘囚と「秋田城軍」の合戦が起こった際に、政府が出羽国司に、国内の浪人（戸籍に登録されていない居住者）を「高家」か「雑人」かを問わず軍役に動員するよう命じたのはその対応策と言えよう（『本朝世紀』天慶二年四月一九日条）。この高家浪人はおそらく出羽に留住する元国司や王臣家の子弟等と考えられ、それは前記の「兵」と称される人々にも重なる。先に見た鎮守府将軍や出羽城介の傾向も、その統率者として武名高い「兵」の力が必要とされた結果と考えられよう。

ただし、古代国家のエミシ支配政策は一方で、こうした軍事的威圧のみでなく様々な懐柔策をも伴っていたはずである。それは一体どうなったのだろう。調庸制そのものが変質・解体されてしまうなか、懐柔策の基幹をなす、服属エミシへの爵位と禄の支給を広く行う制度は、おそらく実施困難になっていたであろう（渕原・二〇一三）。エミシ支配の拠点となる胆沢城や秋田城などの城柵施設そのものも、これに歩調を合わせるように、一〇世紀半ば頃を境に廃絶してしまう。もちろんその一方で「俘囚」や「夷」などの観念はこの後も残り、鎮守府将軍や出羽城介の任命も少なくとも一一世紀までは続いていくのだが、城柵や禄制などの基盤を失うなかでエミシ（俘囚）と呼ばれてきた人々に対する支配のあり方も大きく変容せざるを得なかったと思われる。

†安倍氏と清原氏

陸奥国の奥六郡（胆沢・江刺・和賀・稗貫・斯波・岩手郡）で永承六年（一〇五一）から一二年にわたり繰り広げられた前九年合戦を描く『陸奥話記』、永保三年（一〇八三）から五年にわたり奥六郡や出羽山北三郡（秋田県横手盆地の雄勝・平鹿・山本郡）で展開した後三年合戦を描く『奥州後三年記』等の軍記物は、一一世紀の東北史に関する情報の宝庫である。前者は奥六郡を基盤に威勢を誇った豪族安倍氏と陸奥国府との対立、とりわけ陸奥守源頼義と安倍氏の軍事衝突が奥羽の豪族たちを広く巻きこんで展開した合戦であり、後者は前九年合戦の決着に決定的役割を果たし出羽山北三郡（雄勝・平鹿・山本）から奥六郡にまたがる奥羽最大級の豪族となった清原氏の内紛に陸奥守源義家が介入したもので、奥州藤原氏誕生の契機となった事件である。紙幅の都合から合戦の詳細な経緯については参考文献（樋口・二〇一六など）をご覧いただくとし、ここでは奥六郡や山北三郡という広域的な地盤を持ち突如として登場する安倍氏・清原氏の歴史的性格をめぐる問題点を整理してみたい。

両氏の出自をめぐっては、かつては陸奥話記の記述をもとに古代蝦夷との系譜関係が考えられてきたが、近年はどちらかといえば中央貴族の安倍氏や清原氏の子孫だとする説が優勢で、例えば九世紀後半の元慶の乱に登場する鎮守府将軍安倍比高《これたか》や出羽権掾の清原令望《きよはらのよしもち》の子孫がエミシ系豪族の女性と婚姻し土着したものとの主張がある（樋口・二〇一一）。国司やその子弟等が在地豪族と婚姻関係を結び地方に土着することはこの時代珍しいことではないから、安倍氏や清原氏も同様の可能性は十分あろう。ただし平範国《たいらののりくに》の日記『範国記』の記事を手がかりに安倍氏の土着は頼良の父忠良（忠好）の代だとする説、あるいは陸奥国内の非エミシ系在地豪族安倍氏の子孫とする説も近年出されており、議論は拡散気味で、簡単に決着が付きそうにはない。『陸奥話記』の「父祖倶に果敢にして自ら酋長と称し、」（尊経閣本）という記述からみれば、少なくとも安倍氏が頼良の父忠良以前から奥六郡を基盤としていたことは否定しがいと思うが、一方でこうした出自の問題と両氏の権力の性格の問題を直結させること自体への批判もある。出自の問題はもちろん重要だと思うが、一方で多様な出自を持つ豪族が新しい「在地勢力」になり得た点にこそ、この時期の社会変化を考える鍵があるようにも思う。

†安倍氏の権力と公的地位

両氏の権力を古代エミシから直接引き継がれた独立的な権力とみる考えはさすがに近年影を潜め、現在は、これらを「日本国」の支配機構の中に位置づける考えが一般的である。しかしながら問題は、その位置づけ方である。現在通説的な位置にあるのは、両氏の権力の源泉を胆沢城鎮守府や秋田城の「筆頭在庁」という地位に求める説で（遠藤・一九八六など）、これは、一〇世紀初頭に胆沢城鎮守府・秋田城が国府に対置される独自の機構整備・権限を持つ「第二国府」として整備されたとする、いわゆる「鎮守府・秋田城体制」と呼ばれる考え方を前提にした仮説である。しかしこれに対しては、中世史研究の側からの要請に基づき演繹されたもので実証を伴っていないとする批判が近年出されており（渕原・二〇一三）、鎮守府在庁という考え方についても、国府と同質の「在庁」をそこに想定できるのか、鎮守府将軍や出羽城介の機能とあわせ考え直す必要が生じている。

この点に関連して確認しておきたいのは、安倍氏や清原氏がもつ政治的・社会的地位がどの範囲で通用するものなのかという点である。前九年合戦で源頼義に安倍方への内応を疑われ殺害された伊具十郎平永衡や、それを見て寝返り安倍方の主力として戦った亘理権大夫藤原経清は、陸奥国府に近い伊具郡や亘理郡を領した郡司でかつ陸奥国府の在庁として陸奥国の政治世界に重きをなしたと見られるが、いずれも安倍氏と婚姻関係を結んでいる。安倍方の武将である平孝忠《たいらのたかただ》、藤原重久《ふじわらのしげひさ》などの貴姓武将も同様に、婚姻関係など安倍氏と私的な関係を想定できる。

安倍氏自身も、頼良の兄弟為元は赤村介と呼ばれ任用国司を号する国府在庁と見て良い。これらは、安倍氏の社会的地位が陸奥国府を核とする政治世界でも認められていたことの反映であり、またそれが安倍氏にとっても重要な意味を持ったことを示唆するのではないだろうか。前九年合戦後奥六郡に居を移した清原氏が、真衡の代に海道平氏の平成衡を養子に迎え、また源義家の陸奥守着任時に家衡・清衡との対立中にもかかわらず国府に出向いて饗応につとめていることは、同様の事例と言えよう。出羽国の国衙機構と清原氏の関係についてはあまり明確に示すことはできないが、やはり同様の視点が必要ではないだろうか。

両氏の奥六郡や山北三郡の支配権はあくまで郡司職に伴うもの、という見解にも注目したい（大石　二〇〇一）。近年の『陸奥話記』写本研究の進展によって、安倍氏を「六箇郡司」記す群書類従本よりも「六箇郡内」とする尊経閣文庫本のほうが原本に近いとする説が有力になり、このため安倍氏＝郡司説は近年否定される傾向にある。しかし先に述べたこの時期の支配機構の在り方を踏まえるなら、六箇郡にも郡司がいたはず、という想定自体はきわめて自然なものであり、尊経閣文庫本の記述も安倍氏が郡司職を保持していた可能性まで否定するものではない。この問題は、単に地位や官職の違いの問題だけでなく、安倍氏の権力を「上から」の機構的な要素を強調して説明するのか、それとも在地勢力としての独自の権力形成、という面をもそれなりに高く評価するのか、という問題でもある。実際には、両者の間で今もイメージが揺れ動いているのである。

†「兵」として

軍事的な面からも考えてみよう。安倍氏や清原氏が陸奥・出羽国内でも有数の軍事集団であったことは、『陸奥話記』や『奥州後三年記』の記述からよくうかがえる。それは陸奥国内の他の「兵」たちにも通じるもので、この視点はやはり大事だと思う。その際も問題となるのが、彼らがなぜそのような強力な軍事集団となり得たのか、という点であり、そこでも同じように、自生的な側面と、国家権力を担う官僚的な側面のどちらに比重を置いて理解すべきかが問題となる。例えば、安倍氏と鎮守府の関係性について、その最重要拠点とみられる鳥海柵（岩手県金ケ崎町）が胆沢城鎮守府（同奥州市）の至近距離にあることが注目されている。但し年代的にいえば、鳥海柵に堀や大型の掘立柱建物が整備されるのは、胆沢城が既に廃絶している一一世紀半ば頃とされている。しかも鎮守府将軍の任命にも、実は一〇二四年から源頼義が任じられる一〇五四年まで三〇年ほど空白があり、この空白期が安倍氏の台頭を促したのではないかとする理解もある。

清原氏の場合は、安倍氏同様、その拠点である大鳥井山《おおとりいやま》遺跡（秋田県横手市）などの城柵の性格をどう捉えるべきかという問題がある。また鎮守府との関係についていえば、前九年合戦後清原武則が鎮守府将軍に任じられ、また前九年合戦から八年後の延久二年（一〇七〇）、陸奥守となった大和源氏の源頼俊《みなもとのよりとし》とともに衣曽別島《えそわけしま》（北海道南部か）・閉伊七村等に大軍を率いて遠征した清原貞衡（ないし真衡）が戦後その軍功により鎮守府将軍に任じられた（『平安遺文』四六五二号 応徳三年正月二三日源頼俊款状）ことは、清原氏の権威を支える意味を持ったであろう。しかし先にあるのはあくまで前九年合戦や延久合戦での実績であり、鎮守府将軍任命はその結果である。いずれにせよ、両氏の関係を国家や公権との関わりで捉えていく上でも、二者択一的な議論をどうやって乗り越えていくかが、これからの議論でも大事にしていくべきだろう。

†発掘調査から見えてきた北奥社会の変動

これまで述べてきた、古代国家が変容しやがて安倍・清原氏が歴史の舞台に登場・活躍する同じ時代、北緯四〇度より北の北奥地域の社会がやはり大きな変革期にあったことが、一九九〇年代以降の考古学的調査によって判明している。中でも最も注目されているのが、馬淵《まべち》川流域・米代《よねしろ》川流域と青森県域の広い地域に分布する、竪穴住居からなる集落を堀などの区画施設で囲繞するいわゆる「防御性集落」（または「囲郭集落」）である。

その代表例が青森市浪岡の高屋敷館《たかやしきだて》遺跡で、九世紀中・後葉から始まる竪穴住居の集落を、

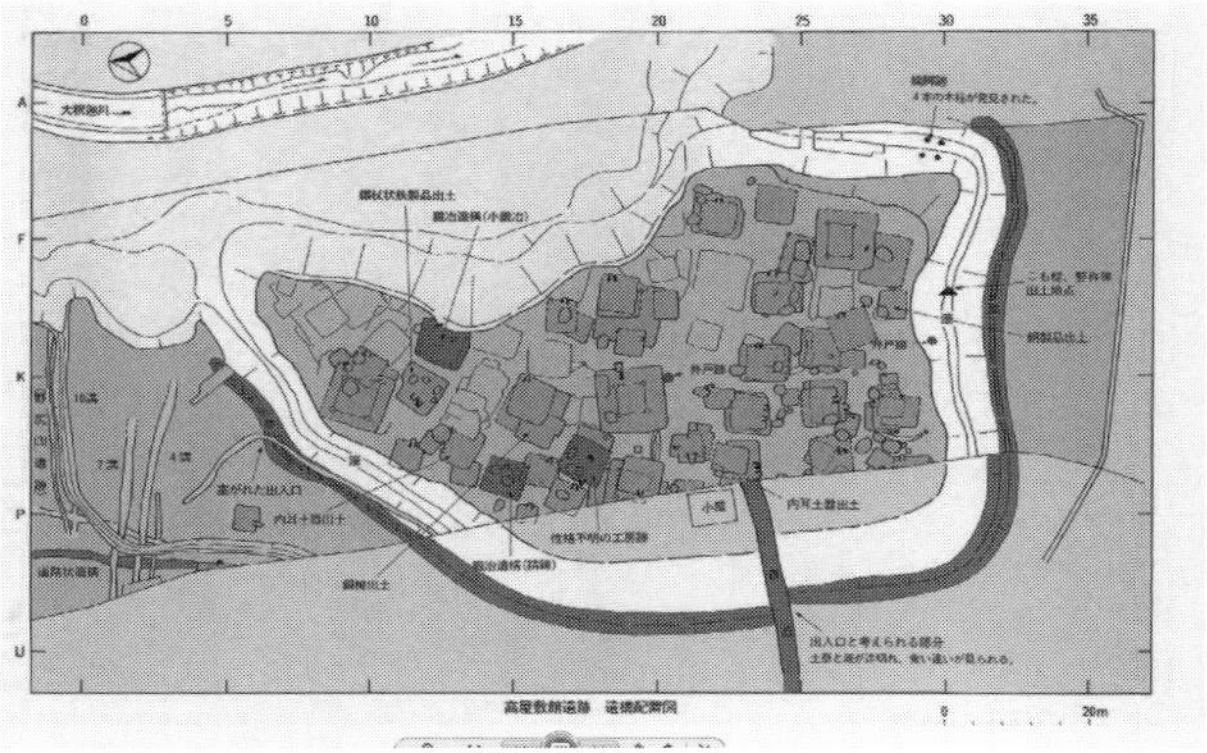

高屋敷館遺跡遺構配置図
（青森県埋蔵文化財調査報告書第 206 集『高屋敷館遺跡発掘調査概報』）

一〇世紀中葉に幅約八メートル、深さ五・五メートルという大規模な堀で囲むようになる。また八戸市林ノ前遺跡は丘陵頂部に幅三〜四メートル、深さ約一・五メートルの空壕がめぐらされ、また多量の馬骨や馬具、そして、頭蓋骨だけの遺骨や両手両足を縛られた人骨など異常な姿の人骨が発見されたことで話題になった。

これらのいわゆる「防御性集落」については、宗教的施設や豪族居館として評価すべきという意見もあるが、少なくとも高屋敷館遺跡のような巨大な環濠の防御的側面を全く否定することは不自然であり、これらが広域的に一斉に出現すること自体大きな社会変動があった事を表している。出現期についてはおおむね一〇世紀中頃に発生・整備の画期を見る見解が多い。終末時期は意見が分かれ早ければ一一世紀前半、遅ければ一二世紀前半という。

一方生産・物流面では、少し前の九世紀後葉頃から変革が進んでいた。須恵器生産では五所川原須恵器窯跡群（青森県五所川原市）が有名で、周辺の岩木川流域や青森平野などへの供給をメインとしつつ、北海道にも数は多くないが貯蔵具として供給されている。北海道で出土する須恵器の産地は九世紀段階では秋田城周辺であったが一〇世紀になりこの五所川原窯跡産の製品へと変化した。鉄生産も同様九世紀後葉以降に米代川流域から津軽地方に広がり、特に岩木川流域では青森県鰺ヶ沢町の杢沢《もくさわ》遺跡など大規模な製鉄遺跡が出現し、周辺集落のほか擦文文化の鉄需要に応じ北海道にも製品を供給していた可能性が指摘されている。一方青森市石江遺跡群（新田《にった》（1）・（2）遺跡、十三盛《じゅうさんもり》遺跡等）では、土師器・須恵器の他、檜扇、形代・斎串《いぐし》・物忌札などの祭祀具、仏像などが出土し、一方擦文土器も出土することから、北海道との交易拠点として注目されている。

†防御性集落をどう見るか

問題は、これらの情報をどう読み解くか、である。五所川原窯跡や石江遺跡群などから見えてくるのは、南北の隣接地域との盛んな交流・交易という実態である。文献では前述のように一〇～一一世紀において北海道の産物が奥羽両国の貢納・献上品として奥羽の受領や鎮守府将軍等経由で貴族社会に供給されており、先に見たように新田（1）遺跡のような交易拠点は、地域社会だけでなく「日本国」にとっても重要であった。五所川原須恵器窯跡や杢沢遺跡のような新たな生産拠点も、北奥地域の諸地域どうしや北海道との関係性を新たに開拓し発展させていくものだったろう。一方で防御性集落は、一〇〜一一世紀のこの地域が軍事的緊張に覆われた地域だったことを示す可能性が高い。盛んな交易の展開と、対立・戦いへの備えという二つの異なる様相を統合的に理解していくことが、この時期の北奥社会を考えていく上では欠かせない。

この点はまだまだ議論が必要なところであるが、例えば交易をめぐる「日本国」勢力（陸奥出羽国府や安倍氏・清原氏）による過重な要求・搾取がもたらした社会秩序の混乱であるとか、交易をめぐる利益をめぐって国司や王臣家などがそれぞれ現地の集団と関係を結びながら競合していたなどの様々な仮説が立てられている（三浦ほか編・二〇〇六など）。ただ多くの場合、この動きは北奥社会の中だけで完結する問題ではなく、「日本国」の政治権力からの強い影響を想定している。『陸奥話記』には「鉇屋《かんなや》・仁土呂志《にとろし》・宇曽利《うそり》」の夷人を率いる安倍富忠なる人物の帰趨をめぐって国守頼義と安倍頼時が競合している記事があるが、前述の林之前遺跡をこの安倍富忠の拠点と見る説もある。また前述したように延久二年（一〇七〇）には源頼俊・清原貞衡が衣曽別島や閉伊七村などに軍事行動をおこなっており、北奥から北海道方面との関係に陸奥国府や安倍氏・清原氏が関心を強く持っていたことは確かで、安倍・清原氏の権力の源泉をこうした北方交易への関与に求める見解も少なくない。

先に見たように生産技術や宗教文化の面では一〇世紀を画期として「北緯四〇度以南」における律令体制下の技術・要素が大量に北奥社会に流れ込んでいたが、一方でそれを受け入れる社会の統合は必ずしも進んでおらず、そうした中で「日本国」からの需要に沿う形で多元的に展開した経済活動が、地域社会に混乱・紛争を引き起こしたのだろうか。一方でこうした「日本国」からの動きだけでなく、地域社会独自の動向を、発掘調査の情報などから更にくみ取っていく必要もあるだろう。

いずれにせよこの問題が北奥の平安時代を考える極めて重要な論点であることは間違いない。そしてこの防御性集落の終焉が一一世紀末頃だとすれば、それが北奥地域への郡郷制施行、そして「奥州藤原氏の時代」とどう関わるのか、という問題にもなってこよう。

参考文献

遠藤巌「秋田城介の復活」『東北古代史の研究』吉川弘文館、一九八六年
大石直正「中世の黎明」『中世奥羽の世界（新装版）』吉川弘文館、二〇二二年（初出は一九七八年）
大石直正「藤原経清論」『奥州藤原氏の時代』吉川弘文館、二〇〇一年
大石直正「陸奥国の荘園と公領――鳥瞰的考察」『東北学院大学東北文化研究所紀要』二二号、一九九〇

年
佐藤信編『古代史講義　戦乱篇』筑摩書房、二〇一九年
野口実『増補改訂　中世東国武士団の研究』戎光祥出版、二〇二一年
樋口知志『前九年・後三年合戦と奥州藤原氏』高志書院、二〇一一年
樋口知志編『前九年・後三年合戦と兵の時代』吉川弘文館、二〇一六年
渕原智幸『平安期東北支配の研究』塙書房、二〇一三年
三浦圭介・小口雅史・斉藤利男編『北の防御性集落と激動の時代』同成社、二〇〇六年
吉川真司「国際交易と古代日本」『律令体制史研究』岩波書店、二〇二二年

第6講

平泉の世紀

渡邉 俊

†金色堂が語る女性の力

天治元年(一一二四)八月、金色に輝く阿弥陀堂が平泉に建立された。中尊寺金色堂である。全面に金箔がはられ、大量の夜光貝を用いた螺鈿と、紫檀・象牙といった海外の宝物をもって装飾されたこの空前絶後ともいえる阿弥陀堂は、平泉藤原氏の権力基盤に莫大な富があったことを物語る。しかし、平泉藤原氏を支えていたのが富だけではなかったこともまた、金色堂は教えてくれる。金色堂落成を記念して奉納された棟札には、建立に中心的な役割をはたした「大壇」藤原清衡とともに、三人の女性が「女檀」すなわち出資者として名を連ねていた。ひとりは「安倍氏」、ひとりは「清原氏」、そしてもう一人は「平氏」。齢七〇にさしかかろうとする清衡の周辺には、彼を強力に支える女性たちの姿があったのである。平泉の世紀とは、平泉藤原氏の栄枯盛衰の時代であるとともに、平泉藤原氏とともに歩んだ女性たちが活躍する時代でもあった。

†清衡母の再嫁

平泉藤原氏の初代清衡は、前九年合戦最中の天喜四年（一〇五六）に生まれた。父は、中央貴族の系譜に連なる陸奥国の在庁官人であった藤原経清。経清は、平将門を討った藤原秀郷の子孫にあたる。母は、奥六郡に勢力を誇った豪族安倍頼時の娘である。

頼時には「有」「中」「一」という三人の娘がいたと伝えられる。いずれも敬称とみられる「一乃末陪《いちのまえ》」を付してよばれたこの女性たちは、それぞれ居宅を構えて父の頼時や兄弟姉妹とともに安倍氏の本拠地である衣川に集住していたという（『吾妻鏡』文治五年九月二七日条）。この「有」「中」「一」のいずれかと結婚したのが経清であった。経清は、国府に近い亘理郡に勢力を築いて「亘理《わたり》権大夫《ごんのたいふ》」と称されるまでになるが、その経清を安倍氏は娘婿に迎え入れたのである。

清衡が七歳の頃、転機が訪れる。前九年合戦の結果、父経清が斬首され、安倍氏も滅ぼされたのである。父を失った清衡は、その後、母とともに、前九年合戦に介入して奥六郡に進出してきた出羽の豪族清原氏のもとに身を寄せることになる。母が清原武貞に再嫁したからであるが、この再嫁には、清原氏による安倍氏・経清のいわば〝遺産〟を取り込む意図があったものと考えられる。前九年合戦で安倍氏・経清は滅ぶとはいえ、ただちに彼らの影響力が失われるわけではない。安倍氏・経清のもとに集まっていた従者や人心そして財は、今度は生き残った安倍氏の娘でもあり経清後家でもあった清衡母のもとに向かうことになる。奥六郡に勢力を誇った豪族安倍氏の生き残りの女性、かつ経清後家の力を軽視することはできないのである。清原氏は、丁重に清衡母を迎え入れたことだろう。

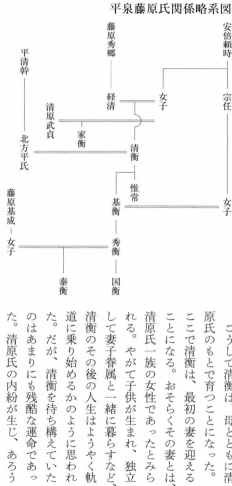

平泉藤原氏関係略系図

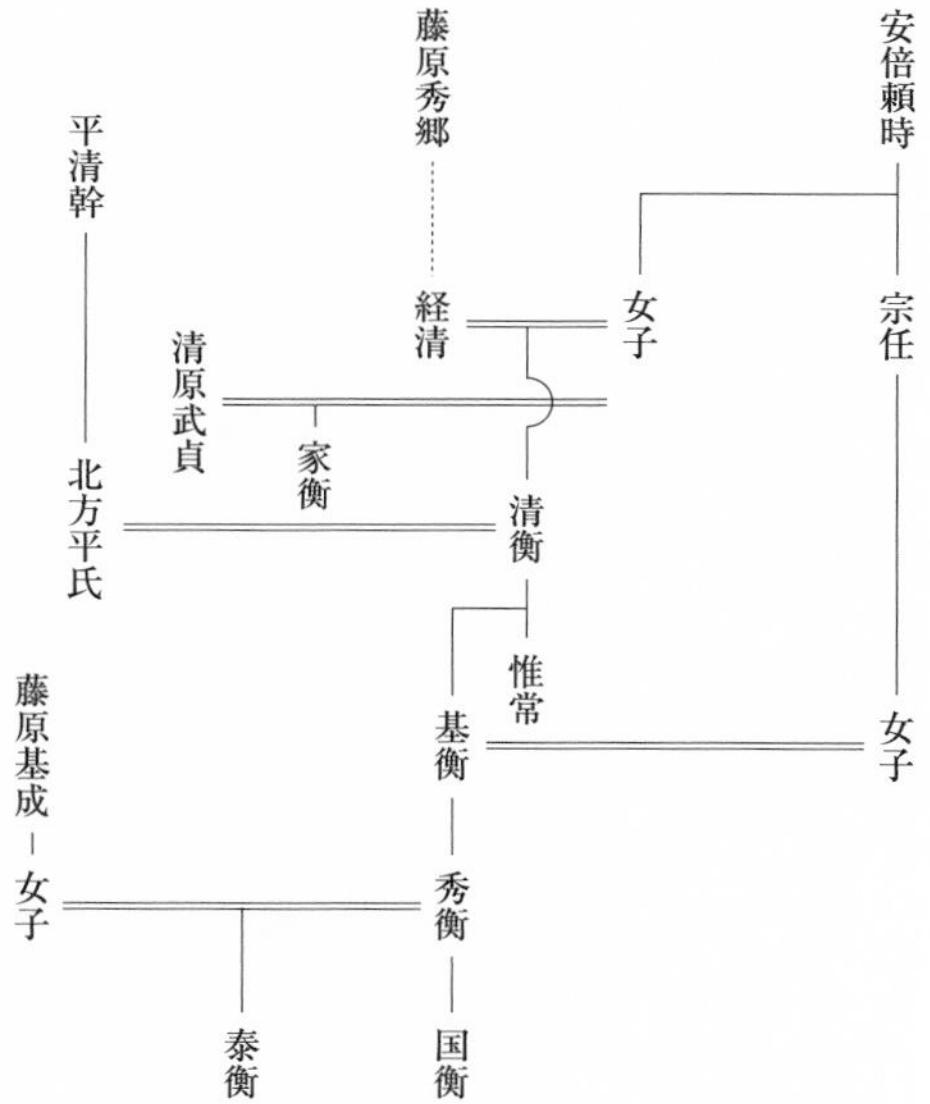

こうして清衡は、母とともに清原氏のもとで育つことになった。

ここで清衡は、最初の妻を迎えることになる。おそらくその妻とは、清原氏一族の女性であったとみられる。やがて子供が生まれ、独立して妻子眷属と一緒に暮らすなど、清衡のその後の人生はようやく軌道に乗り始めるかのように思われた。だが、清衡を待ち構えていたのはあまりにも残酷な運命であった。清原氏の内紛が生じ、あろうことか異父弟の清原家衡によって襲撃されるのである。幸いにも清衡は難を逃れることができた。だが、妻や子は猛火に包まれた。時に清衡三一歳。妻子の享年が何歳であったのか、『後三年記』は多くを語ってくれない。

†清衡を支える女性たちと平泉への進出

その後、家衡は清原氏の内紛に介入した源義家に討ち取られ、ここに清原氏は滅亡した。世にいう後三年合戦である。この合戦によって清衡は、清原本宗家では唯一の生存者となる。ただし、清原氏一族の者が清衡周辺からまったく居なくなったかといえば、そうではない。先にふれた、金色堂棟札にあらわれる女檀「清原氏」は、その名のとおり清原氏一族の女性である。さらにいえば、この女檀「清原氏」とは、亡くなった最初の妻と血縁関係にある清原氏の女性の一人にちがいない。つまり、後三年合戦後も清原氏の女性は清衡を支え続け、三七年の時を経て金色堂を清衡とともに建立するのである。ちなみに、「清原氏」と並んで棟札に記されている女檀「安倍氏」とは、清衡が娶った安倍氏の女性であるとか、清衡母すなわち安倍頼時の娘その人であるとする説があるが、定かではない。ただし「安倍氏」とある以上、安倍氏一族の女性が清衡を支援していることは疑いない。

さて、後三年合戦にて妻子を失いながらも、安倍氏・清原氏の遺領を継承した清衡は「奥六郡の主」への道を着々と歩んでいく。

そもそも清衡が平泉に拠点を構えたのは、康和年中（一〇九九〜一一〇四）の頃と考えられている。江刺郡豊田館から、磐井郡平泉に「宿館」を移したのである（『吾妻鏡』文治五年九月二三日条）。江刺郡は、鎮守府所管の奥六郡最南端に位置する。清衡は、その奥六郡を越え、陸奥国府所管の磐井郡へと踏み出したのである。平泉はその後、平泉藤原氏の政庁ともいうべき平泉館と、中尊寺をはじめとする壮麗な寺院群とを中心に、当時としては有数の都市へと発展を遂げる。

†清衡正妻の活躍

清衡の晩年を支えた女性は北方平氏《きたのかたへいし》という正妻であった。金色堂棟札に「女檀」として記された、あの「平氏」にあたる。「平氏」とよばれた理由は、彼女が常陸平氏一族の平清幹の娘であったからである。平泉藤原氏は、奥六郡を基盤に陸奥北部へはその力を及ぼすことができた一方、陸奥南部への影響力は北部に比較して弱かった。そのため常陸平氏の娘を清衡が娶り、陸奥南部方面に影響力をもつ豪族との連携を試みたのだろう。

大治三年（一一二八）、清衡が七三歳で亡くなったのを見届けた北方平氏は、写経など清衡の供養を済ませた後、上洛して検非違使源義成（義業）と再婚する。ここで彼女の口から、清衡死後の平泉の情勢が京に伝えられる。なんと清衡の二人の息子、すなわち長子の惟常と次子の基衡とが合戦となり、基衡が惟常とその子を殺害して清衡の跡目を継いだというのである（『長秋記』大治四年八月二一日、同五年六月八日条）。史料上、二子合戦とよばれた清衡の跡目争いである。

このとき北方平氏は、莫大な珍宝を持参して京の有力者をめぐり、ひいては鳥羽院にも二子合戦の顚末を奏上したという。実は当時、京のあいだでは、平泉に対する疑念が生じていた。奥州から京への貢上物が滞っていたからである。一歩間違えば、後三年合戦の時のように、平泉の混乱に乗じた軍事力の同地への介入を招きかねない。北方平氏による京での政治活動は、この疑念を晴らすことが目的であったとみられ、実際、京からの介入を受けることなく清衡から基衡への代替わりは果たされたのであった。

北方平氏が、基衡の実母であったかどうかはわからない。基衡の継母であった可能性も十分に考えられる。いずれにしても北方平氏の京での政治活動は、可愛い実子を擁護するといった類の話ではなく、清衡の正妻（清衡死後は後家）としての立場から清衡次子の基衡を跡目につかせようとする意向によるものだろう。清衡から基衡への代替わり時には、亡夫の供養に中心的な役割を担い、そして跡目についてもその実現のために奔走する清衡後家の姿があったのである。

†二代基衡の妻

二子合戦の勝利と清衡後家の北方平氏による後援を得て、「御曹子」(独立せずに親許で暮らしている曹司住みの者)の基衡はついに自立した。後に「果福は父に軼《す》ぎ、両国を管領す」と称えられた基衡の時代は、こうして幕を開けたのである。その基衡が妻に迎えた女性は、安倍宗任の娘であった(『吾妻鏡』文治五年九月一七日条)。宗任といえば、安倍頼時の子として生まれ、前九年合戦を父や兄弟とともに戦った後、朝廷側に帰降して伊予国そして大宰府に流された人物である(『百錬抄』康平七年三月二九日条)。その宗任の娘が、平泉藤原氏のもとに招かれたのであった。彼女が何歳であったのか、また、そもそもどこで生まれたのか、そしてどのような経緯で基衡のもとにやってきたのか、よくわからない。仮に宗任配流時の一〇六四年前後に生まれた娘が基衡と結婚するのだとしたら、その年齢差は四〇~五〇歳ほどになる。いずれにしても宗任の娘は、基衡よりもかなり年上の女性であった。その宗任の娘を基衡が娶ったということは、第一の目的が嫡子をもうけることではなく、かつて「奥六郡の主」として同地に勢力を誇った安倍氏の血脈に連なる女性を正妻に迎えることによって、未だ消えない安倍氏の力を平泉藤原氏のもとに留めようとすることにあったとしか考えられない。

†女人沙汰

基衡は、父清衡の基盤を受け継ぐ一方、その維持拡大につとめた。その勢いは、鎌倉時代前期につくられる『古事談』が「基衡が陸奥国を押領しているので国司が有名無実となっている」と記すほどであった。しかしその基衡に、最大の試練が訪れる。国守藤原師綱が陸奥国に赴任して、宣旨にもとづいて信夫郡（福島市）の検注を実施しようとしたところ、現地勢力の抵抗にあって死傷者が出たのである。『古事談』や『十訓抄』によれば、藤原師綱に歯向かったのは基衡従者かつ後見の信夫郡司佐藤季春であった。

季春と国守師綱との衝突は、従者である信夫佐藤氏を介して陸奥南部に勢力を拡大せんとする基衡と、国衙領を維持確保せんとする陸奥国守との紛争がもたらした結果とみられるが、この危機を基衡は、季春の申し出によって季春の首と引き換えに脱しようとするのであった。だが、どうしても季春を諦めきれない基衡は、最後の手段にうってでる。『古事談』『十訓抄』によれば、自身の妻に砂金一万両・鷲羽ほか莫大な財宝をもたせて国司館にむかわせたのである。それは「女人沙汰」とよばれた。結果は、基衡妻による命乞いも空しく季春斬首となったわけではあるが、正妻たる女性の政治力が一定の社会的役割を果たすものと期待されていたからこその手段であった。

さらに政治力のみならず、北方平氏と同様、基衡妻も相当な財力をもつ女性であったことは疑いない。基衡が建立した毛越寺の近隣に、観自在王院および小阿弥陀堂が築かれた（『吾妻鏡』文治五年九月一七日条）。いずれも基衡妻による建立であった。

†国守の娘との婚姻

平泉藤原氏の婚姻戦略に転機が訪れる。基衡の子である秀衡と、陸奥守藤原基成の娘との婚姻が成立したのである。

基衡と衝突した国守師綱は、任期途中の康治二年（一一四三）に陸奥守を辞めた。かわって陸奥守に就任したのが藤原基成であった。基成娘と秀衡との婚姻は、基成が陸奥守在任中の仁平三年（一一五三）以前のことと考えられている。やがて二人のあいだには、平泉藤原氏の最後の当主となる泰衡が生まれることになる（『吾妻鏡』文治五年九月三日条）。

基成の父である忠隆は、鳥羽院の近臣であった。したがって婚姻による平泉藤原氏の基成への接近は、陸奥国守とのあいだに安定的な関係を取り結ぶだけでなく、基成を介した平泉藤原氏の鳥羽院への接近をもたらした。しかも基成以降、陸奥守はその近親者が就任することとなり、結果として基成一族がおおよそ一五年にもわたって陸奥守を独占することになる。つまりこの間、平泉藤原氏は、国守・院との関係において摩擦が生じにくい状況にあったと捉えられ、それが結果的に、中央政界とのあいだに地理的にも政治的にも絶妙な距離を保てる環境を平泉藤原氏にもたらすことにつながった。平泉藤原氏は、この機を捉え、安定的に自身の支配を進めることができたのである。

†三代秀衡の権勢

保元二年（一一五七）頃、基衡はこの世を去り、その子の秀衡が跡を継いだ。陸奥国守の娘を娶った秀衡の行く手には、もはや国守師綱のような政治的な障害はない。秀衡は、嘉応二年（一一七〇）には従五位下・鎮守府将軍に、養和元年（一一八一）には陸奥守に任じられる。朝廷が任命する鎮守府将軍・陸奥守に現地の住人が採用されることは、異例中の異例であった。鎮守府将軍への就任は九条兼実をして「乱世の基」と言わしめたが（『玉葉』嘉応二年五月二七日条）、さすがの兼実も、秀衡の陸奥国守就任時にはとくに意見をさしはさむことなく頷くしかなかった（『玉葉』養和元年八月六日条）。背景には、「大略虜掠」と言われていたように、以前より陸奥国が秀衡によってほとんど占領状態にあるという如何ともし難い状況があった（『玉葉』同日条）。また、平氏政権の成立とそれに反発することで生じた緊迫の度合いを増す内乱状況とが、否応なく中央の目を、北方に確たる勢力を築いていた平泉藤原氏に向けさせたという事情があった。

ここにきて秀衡は、名実ともに奥羽の支配者となったのである。陸奥・出羽両国の省帳・田文といった、本来ならば国衙にあるべきはずの徴税の基礎台帳が、秀衡本拠地の平泉館に保管されていたことは（『吾妻鏡』文治五年九月一四日条）、秀衡の支配者としての姿を端的に示している。壇の浦にて平氏を滅ぼした源頼朝も、その存在には一目を置き、秀衡を「御館は奥六郡の主」と称したのであった（『吾妻鏡』文治二年四月二四日条）。

†秀衡の遺言

その秀衡にも死期が迫る。最期の時をむかえた秀衡は、次代を担う長子国衡・次子泰衡たちを前に遺言をのこした。「義経を大将軍として国務につとめよ」（『吾妻鏡』文治三年一〇月二九日条）。当時平泉には、異母兄の頼朝と対立した源義経が身を寄せていた。秀衡は、その義経を「大将軍」に戴いて国務を取り仕切れというのである。当時、日本の各地には、とくに源氏の血統に位置する「貴種」とよばれた有力者を担ぐ社会集団がいくつも勃興した。源頼朝しかり、源義仲しかり、源希義しかり。このような動向の最終的な勝者は源頼朝になるわけであるが、ふりかえってみれば源義経という「貴種」を戴いた平泉藤原氏もまた、頼朝を担いだ北条氏同様、地方に勃興する軍政府（幕府）のひとつであったとする見方も成り立ちうる。入間田宣夫が、これを平泉幕府と評価するゆえんである。

さらに、もうひとつの遺言も、これまた驚くべきものであった。それは、「兄弟和融」のため、自身の正妻（基成の娘）を長子国衡に娶らせるというものだった（『玉葉』文治四年正月九日条）。国衡は、正妻の実子ではなく「他腹の嫡男」。すなわち正妻からみれば、夫亡き後、実子泰衡を連れて、秀衡後家の立場で継子に再嫁することになる。泰衡からみれば、異母兄の国衡が今度は継父になる。秀衡の遺言には、初代清衡が弟家衡と争ったときのような、また、二代基衡と兄惟常とが争ったときのような兄弟対立は避けたい意図があったのだろう。ましてや跡目に対する後家の意向が、あろうことか兄弟対立を引き起こしてしまっては元も子もない。つまり、兄弟関係を父子関係に置き換えることが一族の結束にとって重要であると秀衡は判断したのである。そのような結束に、秀衡後家の力も当然加えられていたことは言うまでもない。

†平泉藤原氏の滅亡と秀衡後家のゆくえ

現在、宮城県角田市に所在する高蔵寺阿弥陀堂は、秀衡妻の発願によって造営されたと伝えられる。治承元年（一一七七）に納められた棟札には、秀衡妻のほかに「小旦那安倍安氏」であるとか「安倍清定」といった安倍姓をもつ出資者が記されていた（『奥羽観蹟聞老志』）。大石直正によれば、この安倍姓をもつ出資者は、あの前九年合戦で滅ぼされた安倍氏の流れを汲む者であり、安倍氏の系譜に連なる者たちが未だに有力者として各地域で活躍していたという。

あるいは秀衡妻に集う者たちだったのかもしれない。

文治五年（一一八九）八月、阿津賀志山の戦いで平泉藤原氏側に壊滅的な打撃をあたえた源頼朝の率いる軍勢は、進軍の手を緩めず、ついに平泉を陥落させた。奥州合戦である。頼朝が鎌倉を発つ頃には泰衡の手によってすでに源義経はこの世になく、国衡も阿津賀志山で戦死。秀衡の岳父として一定の影響力をもっていた藤原基成は、衣川にて頼朝軍に捕らえられた。夷狄島（北海道）を目指した泰衡も、途中、肥内郡（秋田県北部）にて自身の従者に殺された（『吾妻鏡』文治五年九月三日条）。ここに平泉藤原氏は滅んだ。

中世という時代とくにその前期の時代は、女性の力とりわけ正妻・後家の力が強かった時代と評価されている。武家法が夫婦別財を想定するように、独自に財産を保有して経済的に自立する妻の姿が中世では一般的にみられた。後家にいたっては、夫亡き後、家の財産管理や跡目そして従者たちに相当な影響力をもった。これら力の、どれをとっても平泉藤原氏とともに歩んだ女性たちには備わっている。つまり平泉藤原氏の女性たちは、正妻・後家の力が強い中世という時代の先陣をきって登場した女性たちなのである。

平泉藤原氏が滅んだ翌年の二月、ある女性が頼朝の本拠地鎌倉に招かれる（「文治六年日次記」）。それから五年後、鎌倉に招いたその女性が未だに生きているとの情報が頼朝の耳に入った。ただちに頼朝は、居所をつきとめるべく女性の探索を奥州惣奉行に命じる（『吾妻鏡』建久六年九月二九日条)。頼朝が憐みの情をもって接しようとしたその女性とは、「故秀衡入道後家」であった。平泉藤原氏を滅ぼした勝者頼朝とて、後家の力を無視することなど到底できるものではなかったのである。

参考文献

飯沼賢司「後家の力——その成立と役割をめぐって」峰岸純夫編『中世を考える 家族と女性』吉川弘文館、一九九二年
池田寿「「文治六年日次記」について」『古文書研究』五七、二〇〇三年
入間田宣夫『平泉の政治と仏教』高志書院、二〇一三年
入間田宣夫『藤原清衡——平泉に浄土を創った男の世界戦略』ホーム社、二〇一四年
入間田宣夫『藤原秀衡』ミネルヴァ書房、二〇一六年
遠藤基郎「平泉藤原氏と陸奥国司」入間田宣夫編『東北中世史の研究』上巻、高志書院、二〇〇五年
遠藤基郎「基衡の苦悩」柳原敏昭編『平泉の光芒』吉川弘文館、二〇一五年
大石直正『奥州藤原氏の時代』吉川弘文館、二〇〇一年
岡田清一「奥州藤原氏の奥羽支配」同『鎌倉幕府と東国』続群書類従完成会、二〇〇六年
川島茂裕「藤原清衡の妻たち——北方平氏を中心に」入間田宣夫・本澤慎輔編『平泉の世界』高志書院、二〇〇二年
川島茂裕「藤原基衡と秀衡の妻たち——安倍宗任の娘と藤原基成の娘を中心に」『歴史』一〇一、二〇〇三年

斉藤利男『平泉――よみがえる中世都市』岩波書店、一九九二年
斉藤利男『奥州藤原三代――北方の覇者から平泉幕府構想へ』山川出版社、二〇一一年
斉藤利男『平泉――北方王国の夢』講談社、二〇一四年
高橋富雄『奥州藤原氏四代』吉川弘文館、一九五八年
高橋秀樹『中世の家と性』山川出版社、二〇〇四年
野中哲照『後三年記詳注』汲古書院、二〇一五年
柳原敏昭「奥州合戦」同編『平泉の光芒』吉川弘文館、二〇一五年

第7講

関東武士の下で

黒瀬にな

†〈平時〉の到来

文治五年（一一八九）一〇月、源頼朝は奥羽遠征を終え、鎌倉に凱旋した。奥州合戦の結果、九〇年にわたって続いた平泉政権は、四代藤原泰衡を最後に倒壊し、鎌倉幕府北東の大いなる脅威は除かれた。全国の武士を動員し、三箇月におよんだ遠征旅行は、前九年合戦（一〇五一—一〇六二）における曩祖《のうそ》源頼義の事績を再現するという演出を伴い、鎌倉殿—御家人の主従関係を可視化し再構築するものでもあった。

奥州合戦が終結すると、朝廷—幕府間では奥羽の復興をめぐり折衝が始まる。頼朝は、これまで応じてこなかった後白河上皇からの上洛要請に従う意思を示し、伊勢神宮の式年遷宮費調達にも積極的に協力する姿勢を見せるなど、新たな朝幕関係、戦後新体制の確立へと進んでいく。奥州合戦の終わりは、幕府にとって平時体制の始まりを画するものであった。

†大河兼任の蜂起

もっともこの〈戦後〉の開始は、多分に意図的な区切りである。頼朝が鎌倉へ帰着した二箇月後には、奥州から反乱勃発の報が入った。蜂起したのは、出羽の八郎潟湖東を本拠とする大河兼任《かねとう》である。大河氏自体はさほど大規模な武士団ではないものの、呼応する者も多く、奥羽両国の勢力を巻き込み各地で戦闘が行われた。幕府は数度にわたって軍勢派遣を命じ、文治六年（建久元年、一一九〇）三月、ようやく鎮圧に成功する（乱の経緯は『吾妻鏡』にみえる）。

反乱の動機については諸説あるが、おおむね共通して注目されている点は、奥羽の諸勢力間での立場の違いなど、複雑な現地状況である。奥州合戦前の平泉藤原氏は奥羽の支配を強化していたが、あらゆる勢力の忠誠を勝ち得ていたわけではない。そのことを反映して、多賀国府の留守所《どころ》組織は、奥州合戦の戦後処置では存置された。大河兼任も奥州合戦には加わらずに生き延び、幕府支配をいったんは受け入れたとみられる。その後の幕府や御家人たちとの軋轢が、蜂起の引き金になったのだろう。兼任軍は、このように平泉政権から距離を取っていた者たちと、平泉藤原氏の余党の双方を包含し、相当の勢いをもって幕府を翻弄したのである。

頼朝は、みずから鎮圧に出向くことも検討するなど危機感を示す一方で、同時期に朝廷との間では、すでに「奥州を討ち平らげ」終えたという前提で交渉を継続している。鎌倉幕府の建前としては、兼任の乱は奥州合戦とは異なって、戦乱というよりあくまで〈平時〉における「凶徒の蜂起」であり、幕府内部で処理すべき事案であった。

しかし実際には、その後の鎌倉幕府と東北地域にとって、大河兼任の乱は大きな規定性を有するものとなる。

†鎌倉幕府の地方支配方式——奥羽におけるひとつの偶然とその結果

鎌倉幕府は、兼任の乱を経てはじめて、陸奥の国務をじかに掌握することができた。多賀国府の本留守・新留守が兼任に与同したため、彼らを排除し、伊沢家景が陸奥国留守職《しき》に任命された（家景の子孫は留守氏を名乗るようになる）。奥州合戦直後に平泉周辺の支配を任された葛西清重に加え、伊沢家景が陸奥国統治の任に就き、「奥州惣奉行《そうぶぎょう》」の両人体制が成立した。出羽国については、平泉藤原氏時代の先例を尊重しつつ、出羽留守所（推定地は山形県の酒田〜遊佐）を通じた支配が行われている。

地域の勢力布置に内在するひずみが鎌倉幕府との接触によって具象化し、数次の合戦を通して地殻変動がもたらされ、それに対応する戦後処理の中で平時の体制が形成された、ということができよう。この点、治承・寿永内乱（源平合戦）を通して鎌倉期の荘郷《しょうごう》地頭制が醸成された現象（川合康『鎌倉幕府成立史の研究』校倉書房、二〇〇四）とも相通じるものがある。

ところで、陸奥国における支配組織は、鎌倉幕府の東国支配体制のモデルケースとして分析されてきた。幕府による国衙機構掌握が早くから進んだ東国においては、軍事指揮・治安維持(陸奥では清重が担当)、国衙在庁指揮・事務管掌(同じく家景が担当)という二系統の任務にそれぞれ専従者を配する方式が必要とされたという(石井進『日本中世国家史の研究』岩波書店、一九七〇)。

また、一国支配の進展段階という側面から見ると、平氏政権期以来、多くの国に複数の政治的中心が存在しており(国衙に結集する勢力と、そこから離れた地域を地盤とする勢力という二元的構造)、鎌倉幕府の力が双方へ浸透するには時間を要した。そうした中にあって陸奥国は、奥州合戦と兼任の乱の連続により、平泉と多賀城という二つの政治的中心を一気に接収できたという点で、幕府にとって理想的ケースだったといえる(三好・二〇〇五)。

さらに最近は、幕府がみずから計画し意図的に演出した奥州合戦とは対照的に、兼任の乱という、「幕府の政治的意図の外部から」出来した「不測の出来事」が、結果的に幕府の地方支配体制を成立させることになった、との指摘もある(大島・二〇一九)。

†在来勢力の命運――没落する者、生き延びる者

このように、奥羽の領主たちの勢力図は、平泉藤原氏の滅亡とともに一度に書きかわったわ

けではなく、新たな地域秩序は段階的に定まっていった。鎌倉幕府は、戦後処理の中で、闕所《けっしょ》地《ち》（没収処分の結果、正当な領主が不在となった所領）に、合戦の恩賞として御家人を配置していく。奥羽の地に大勢の関東武士たちが流入してくるわけである。彼らの中には、郡地頭（惣地頭）として一郡規模の所領に対する広汎な権限を付与された幕閣層（鎌倉中御家人）もいれば、郡地頭の下で中小規模の所領を知行する一般関東御家人（陸奥／出羽国御家人）もいた。

それでは、奥羽在来の諸勢力はどうなったのだろうか。

一九九〇年代まで、東北の鎌倉時代史は、幕府支配の浸透とそれに対する反発・抵抗という文脈で論じられ、多くの闕所地に関東の勢力が送り込まれる点を捉えて、奥羽両国の幕府「植民地」化、と譬《たと》えられた（入間田・一九七八）。植民地の比喩は一面の真理を衝《つ》いているが、それだけでは視線が行き届いていなかった現地住人たちのあり方について、二〇〇〇年代以降は研究が進展している。奥羽における幕府の活動が、現地事情を知悉する在地勢力のサポート（「案内者《あないしゃ》」という）に依存していた点に注目が集まったことが大きい。こうした視点の転換によって、東北史の具体相がより立体的に描かれるようになってきており、本講もそうした成果に学んでいる。

さて、奥羽の在来武士からも、陸奥・出羽の国御家人に登用された者がいた。彼らは、平泉方から離反して鎌倉幕府についたか、あるいは幕府と敵対したものの合戦後に赦免されたケースである。もっとも、奥州合戦後にはいったん赦免されたにもかかわらず、兼任の乱のとばっちりを受けて追放処分となった者もいた。

一族が分裂して平泉方・鎌倉方の双方につき、鎌倉方についた側が御家人化していくという場合もあった（石川氏・岩城《いわき》氏など）。その背後には所領開発等をめぐる一族内での対立が存在したとされる。また、前項で言及した陸奥国府の本留守・新留守は、奥州合戦を生き延びたのち兼任の乱で没落した勢力の代表例といえる一方で、陸奥国在庁官人とされる平姓陸奥介《むつのすけ》氏は、鎌倉時代を通して国衙周辺の所領に勢力を保っていく。こうした差異の背景には、平泉藤原氏と国衙在庁層との間の緊張関係に加え、在庁層の間にも利害対立や思惑の違いがあったことが推測されている。

†北条氏支配の進展と奥羽現地の変化

鎌倉時代の中後期になると、関東御家人が配置された東北地方の荘園公領は、北条氏のもとに集積されていく。幕府内の政変で失脚した御家人の地頭職を手に入れるというパターンが目立つ。早い例では、和田義盛の一族が滅亡した建保合戦（和田合戦、建暦三＝建保元年〔一二一三〕）の後、陸奥国遠田郡（宮城県）の郡地頭職が、和田方に与した山鹿氏から北条泰時へと移っている。また同じ時、同国名取郡（宮城県）は三浦義村に与えられたが、のち宝治合戦（宝治元年〔一二四七〕にて三浦氏は滅び、名取郡の所領は北条時頼の支配下に収まることとなった。鎌倉末期には、北条氏嫡流当主（得宗《とくそう》）、得宗の家臣（得宗被官《ひかん》、御内人《みうちびと》）、その他北条氏勢力の分を合わせれば、奥羽の所領の約半分を占めるに至る。

こうした北条氏勢力の伸長の中で、在来武士のあり方にも新たな動向がみえてくる。たとえば、石川（河）荘（福島県石川郡および周辺域）の石川氏は、奥州合戦後には地頭職を得たと思われるものの、鎌倉後期には石川荘内部の一部の村の領主となっており、その上位に北条氏一門が石川荘知行者として立ち現れてくる。石川氏は、北条氏の翼下に入り、一種の主従関係を構築することによって北条氏支配に適応していたとみられるのである。

ただし、石川一族にはいくつもの系統があり、それぞれ独立的な行動をとっている点にも注意が必要である。鎌倉幕府滅亡後、石川荘内の複数所領が北条氏旧領として没収され、結城氏（御内人ながら北条氏を見限って倒幕方についた）に充てがわれた一方で、倒幕戦では石川氏においても幕府からの離反行動が続出していた。奥州合戦の際と同様に、一族内で対応が分かれたと考えられる。

また、鎌倉後期には、有力な関東御家人が関東から東北の所領へと拠点を移動する現象もみられる（西国所領への「西遷」に対して「東遷」ともいう）。下総国相馬御厨《みくりや》を名字の地とする相馬氏は、陸奥国行方《なめかた》郡（福島県南相馬市・相馬郡）へ。常陸国伊佐郡を本拠とする伊達氏は、陸奥国伊達郡（福島県伊達市・伊達郡）へ。彼ら鎌倉中御家人は、奥羽所領現地の経営は配下に任せ、基本的に鎌倉で活動していたのだが、世代を重ねるごとに一族が諸派に分立したこと、また北条氏勢力への対抗の必要など、複合的な要因によって、奥羽の拠点へと移住を始めるのである。

このような流入の結果、現地においては、領主間の新たな結びつきが生まれてくる。在来の陸奥国御家人と関東御家人との間でも婚姻が重ねられ、鎌倉幕府による御家人編成・配置の論理とは異なる次元で、新たな地縁的結合が徐々に形成されていく。そのような、東遷御家人たちが地域に定着し現地秩序の構成員になっていくという変化は、南北朝・室町期における東北地方のあり方へとつながるものであった。

時代を下って応永一七年（一四一〇）、奥州南部太平洋岸の領主たちは、一〇人連署で盟約書（一揆契状）を取り交わす（「相馬文書」）。「海道五郡一揆」と呼ばれるその一揆契状において、相馬氏は、岩城・好島《よしま》・標葉《しねは》らの在来諸氏とともに、署判者の平等性を象徴する円形の傘《からかさ》連判に名を連ねており、対等な地域領主の一員として振る舞っているさまが窺える。

以上のように瞥見しただけでも、現在の東北地域を構成する要素の複雑さが見てとれるであろう。直接的には、江戸時代から、もしくは戦国時代からの連続的な流れが目をひくものの、遡れば古代より幾度も重ねられてきた〈移住の重層〉によって、東北史は形作られてきたのだといえる。

鎌倉幕府と在来武士との回路の一例――陸奥介氏とその周辺

ここからは通史を離れて、ひとつの具体例を紹介したい。現在の宮城県多賀城市～仙台市宮城野区に本拠をおいた、平姓の陸奥介氏という在来武士を取りあげる。陸奥国衙南辺に位置するこの地区には八幡荘《やわたのしょう》という荘園が存在し、陸奥介は荘内所領の地頭職を保有していた。

土着国司ないし留守所上層とみられる陸奥介は、平泉方から離反して鎌倉幕府につき、平安期より勢力を有していた当地に地頭職を得たと推定されている。そして、鎌倉末期に至るまで地頭職を保持していた点で、陸奥在来勢力としては稀少な存在である（類例としては岩城郡・好嶋荘《よしま》〔福島県いわき市〕の岩城氏が知られる）。陸奥介一族は、いかにして鎌倉時代を生き抜いていったのだろうか。

まず、八幡荘自体について、関東御領《ご》（幕府直轄領）であった可能性が指摘されている。鎌倉殿直轄領であれば、陸奥介は幕府との直接的なつながりを確保していたとみることができるし、北条氏も、代官（預所《あずかりしょ》）にはなりえても完全に自己所領化することは困難だろう。岩城氏が地頭の地位にあった好嶋荘は関東御領であることがわかっているが、八幡荘については明確な史料がない。推定の根拠とされるのは、正安二年（一三〇〇）の公事相論《くじそうろん》裁許状（御家人

陸奥介氏と那須氏

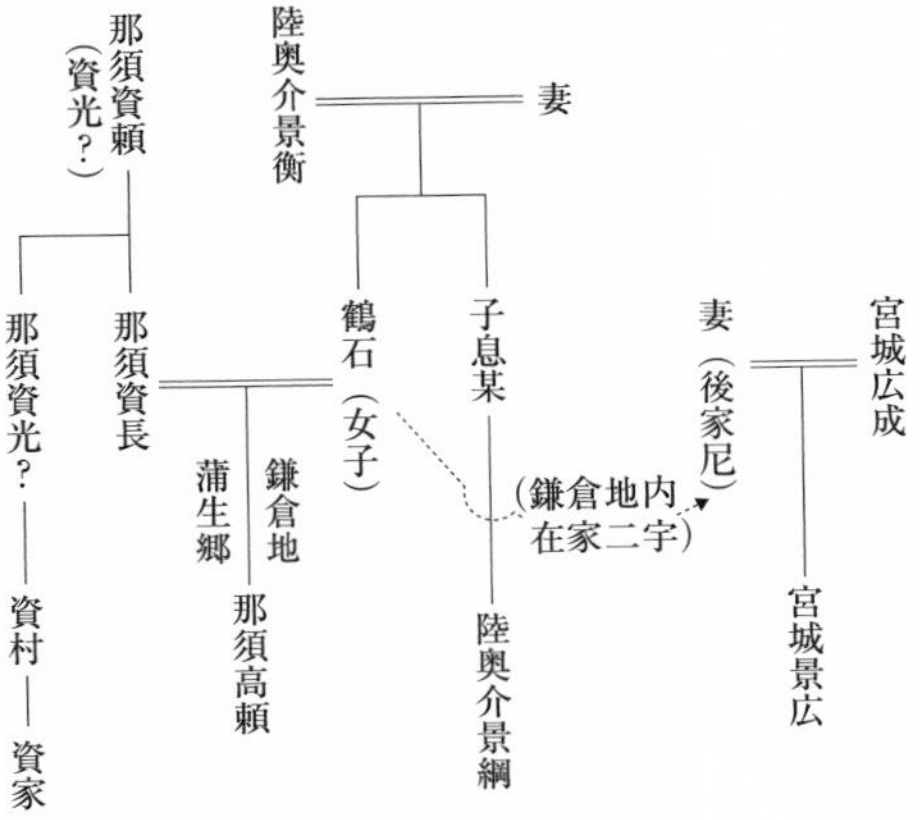

役負担をめぐる訴訟の裁断書／「白河結城家文書」である。この相論は、召米《しょうまい》という、他地域で例をみない課役をめぐって争われ、その裁許は幕府政所の下知状《げちじょう》として発給された。ここから、八幡荘は、幕府財政をつかさどる政所の管轄下に置かれた所領と推測されているのである（大石・一九九〇）。もっとも、召米は寺社修造費用として陸奥国に平均に賦課されたとの指摘（七海・一九九七）もあり、幕府政所が訴訟を担当したのも、所領の帰属の問題ではなく、訴訟の性質が公事相論であったからにすぎないとみる余地もある。

右の点については確定的なことがいえないのだが、同じ相論の登場人物に目を向けると、興味深い点がある。

正安二年召米相論は、陸奥介景綱と那須高頼との間の争いであった。陸奥介嫡流とみられる景綱は、八幡荘から幕府へ進納する公事の納入責任を負っていたが、その部分負担に関して、荘内の蒲生郷《がもう》を領有する那須高頼と紛争になったものである。結局は、高頼が五分の一を負担することで折り合いがついた。那須高頼は、陸奥介景衡《かげひら》の娘鶴石（景綱にとっては伯叔母にあたる）と、下野国御家人那須資長との息子である。高頼は、鶴石が景衡から譲り受けた八幡荘内蒲生郷を相続したわけである。

陸奥介氏は下野国御家人那須氏と婚姻を通して結びついたといえるが、鶴石は資長と離別しており、そのことと関連すると思われるトラブルも起きている。遡って文永元年（一二六四）、陸奥介景衡娘鶴石の旧夫たる那須資長と、宮城広成の後家とが、景衡旧所帯の帰属をめぐって相論になった（「白河結城家文書」）。宮城氏は、伊沢（留守）家景の弟の系統で、八幡荘近隣に基盤を有しており、陸奥国御家人では最も有力な家のひとつといえる。一方の那須資長（および子息高頼）についてみれば、彼ら両代は那須氏の惣領の地位にあったとも、那須氏庶流家の惣領であったともいわれるが、いずれにせよ那須氏は北関東の御家人として種々の幕府行事にも奉仕する一族である。この相論では、鶴石がいったん夫資長に譲った鎌倉の土地につき、一部の贈与を取り消して宮城広成後家に譲り直したことから、広成後家が明渡しを求めて訴えたのである（幕府の判断は資長の知行を認めるものであった）。

また、那須氏の蒲生郷に隣接する、八幡荘内萩薗郷《はぎのその》は、下総国御家人飯高胤員《いいだかたねかず》が領有していたが、これも陸奥介景衡の所領が譲渡によって飯高氏へ移動したものであった（「秋田藩家蔵文書」)。

これらの事実から、陸奥介氏を取り巻く親族関係、および、所領移動を伴う人間関係の広がりが見えてくる。このような、他氏とりわけ関東勢力との結合は、陸奥介なりのひとつの生き残り策とみなせる。ただし、その評価については見解が分かれる。他氏へ所領が流出した結果、陸奥介氏の弱体化を招いたという見方(『仙台市史』ほか)がある一方で、他氏に渡ったのは八幡荘周縁部の所領のみで中核部は維持されており、正安二年相論をみても、那須氏が鎌倉幕府に対して個別的に公事を負担する形ではなく、八幡荘全体を包括する「景衡跡」という単位で弁済を行うこととされているから、八幡荘知行の一体性は保持されていたとする見方(三好・二〇一三)もある。

文永元年の鎌倉地相論からは、陸奥介氏が鎌倉で活動していたことが窺われる。鎌倉には、幕府行事や訴訟などで各地から御家人が集まってくる。そのため、陸奥介一族と関東の国御家人とのつながりも、都市鎌倉における交流の中で形成されたのではないかとみられている(七海・二〇一二)。関東御家人との親族関係の形成契機は、先に述べたような、鎌倉中御家人が奥羽に移住してくるといったケースだけではなく、東北から関東・鎌倉へ出向いて活動する中で形成される場合もありえたわけである。

在来勢力の陸奥介は、景衡跡公事の進納、鎌倉の法廷の利用、関東勢力由来の陸奥国御家人や関東の国御家人とのネットワークなど様々な形で、鎌倉幕府体制およびその支配の文脈に即した自らの位置づけを獲得していたのである。

†幕府を支え、揺るがす奥羽

奥羽両国の荘園公領は、幕府財政を支える所領という意義を帯びていた。とくに鎌倉末期、北条氏得宗を中心に幕政が運営される状況において、得宗周辺＝幕府中枢を支える北条氏勢力所領からの収入は、幕府の主要財源という意味をもつこととなる。鎌倉殿の御所における経常費用についても、陸奥・上総・下総などの北条氏領から拠出されていた形跡がある（七海・一九九七）。

東北地方には、財政基盤という以上の意味もあった。陸奥北部は、中世日本国と夷狄島《えぞがしま》との境界領域であり、主要な馬産地でもある。北条氏は津軽・糠部《ぬかのぶ》の広大な地域を惣地頭としておさえ、得宗被官を給主《きゅうしゅ》という形で配置するとともに、現地の武士団安藤氏を代官に起用して境界管理にあたっていた。糠部産の銘柄馬をはじめとする陸奥国からの献上品は、幕府―朝廷間および幕府内部の儀礼において使用され、鎌倉幕府の存在意義および御家人制の論理を象徴する機能を果たした。

一方で、こうした重要性の裏返しとして、奥羽の動向は後期幕府のアキレス腱ともなっていく。文永年間（一二六四—七五）以降、奥羽北部～夷狄島は軍事的に不安定な状況となる。この時期の津軽海峡周辺における争乱は、日本の史料では蝦夷《えぞ》の反乱として捉えられるが、大きく見れば、サハリンからアムール川河口部に進出したアイヌがモンゴル軍によって押し戻されるといった、北方の情勢変動と連関するものであった。

当初、「反乱」の鎮圧にあたった蝦夷沙汰代官安藤氏だが、対応の失敗から一族内も不安定化する。安藤氏の内紛は、一三二〇年代には住民集団（「出羽蝦夷」「夷賊」）を巻き込んで拡大した。こうした事態は、やがて安藤氏の一部による幕府への反抗に発展し、一〇年近くのあいだ鎌倉幕府の手を煩わせ、疲弊させていくこととなる。

参考文献

青森県史編さん通史部会編『青森県史通史編1　原始　古代　中世』青森県、二〇一八年
入間田宣夫「鎌倉幕府と奥羽両国」小林清治・大石直正編『中世奥羽の世界』東京大学出版会、一九七八年（吉川弘文館より二〇二二年新装版発行）
入間田宣夫『北日本中世社会史論』吉川弘文館、二〇〇五年
大石直正「陸奥国の荘園と公領」『東北学院大学東北文化研究所紀要』二二号、一九九〇年
大島佳代「成立期鎌倉幕府と大河兼任の乱」『ヒストリア』二七五号、二〇一九年
岡田清一『中世南奥羽の地域諸相』汲古書院、二〇一九年
仙台市史編さん委員会編『仙台市史　通史編2　古代中世』仙台市、二〇〇〇年

七海雅人「鎌倉幕府の陸奥国掌握過程」『羽下徳彦先生退官記念論集　中世の杜』東北大学文学部国史研究室中世史研究会、一九九七年
七海雅人「鎌倉御家人の入部と在地住人」入間田宣夫監修／安達宏昭・河西晃祐編『講座　東北の歴史第一巻　争いと人の移動』清文堂、二〇一二年
七海雅人編『東北の中世史2　鎌倉幕府と東北』吉川弘文館、二〇一五年
福島県白河市編『白河市史　第五巻　資料編2　古代・中世』白河市、一九九一年
水沢市史編纂委員会編『水沢市史2　中世』水沢市史刊行会、一九七六年
三好俊文「「奥州惣奉行」体制と鎌倉幕府の列島統治」入間田宣夫編『東北中世史の研究　上巻』高志書院、二〇〇五年
三好俊文「「八幡荘と治承・寿永内乱」『市史せんだい』二三号、二〇一三年
村井章介編『中世東国武家文書の研究――白河結城家文書の成立と伝来』高志書院、二〇〇八年
村井章介・戸谷穂高編『新訂　白河結城家文書集成』高志書院、二〇二二年

第8講

奥羽と京・鎌倉——国人一揆を中心に

泉田邦彦

†一四・一五世紀奥羽の世界

南北朝内乱の特質として、在地社会から「公方」と仰がれる上部権力が複数存在したこと、それらの正当性をめぐる争い＝「公方の戦争」が地域紛争と連動しながら全国規模で展開したこと等が挙げられる（呉座・二〇一四）。とりわけ遠国に位置する奥羽では、明徳三年（一三九二）南北朝合一後も「公方の戦争」と連動した地域紛争が継続した。

一四世紀には北畠顕家・義良親王ら建武政権ないし南朝勢力や、奥州総大将・奥州管領・羽州管領になった足利一門（吉良・畠山・石塔・斯波氏）が下向し、鎌倉府の管轄下に入った一四世紀末以降は三代鎌倉公方足利満兼の弟たち（稲村公方足利満貞・篠川公方足利満直）が南奥を拠点に据えた。応永七年（一四〇〇）斯波氏は奥州探題・羽州探題に任じられ、前者は中奥を拠点とする大崎氏、後者は出羽国最上郡を拠点とする最上氏となった。当該期奥羽は、現地に下向してきた「公方」が在地支配や合戦を主導した点が特筆される。

また、守護不設置の奥羽では、室町期の特色として「御所・屋形秩序」が指摘されている(白根・二〇一五)。「御所」とは、前述した奥州探題大崎氏・羽州探題最上氏、紫波郡を本拠とした高水寺斯波氏(以上は足利一門)、津軽浪岡の浪岡北畠氏(北畠顕家の弟顕信の子孫)を指す。室町幕府や朝廷との結びつきを有する彼らは、奥羽国人たちよりも上位の家格を有し、それぞれの地域における家格秩序の中心をなした。一方、「屋形」とは、守護に準じる扱いを受けた奥羽の有力国人たちである。室町幕府と直結し、郡を基盤に在地支配を実現した彼らは、研究上、「郡守護」と捉えられている(黒嶋・二〇一二)。室町期奥羽の世界は、室町幕府体制下の家格秩序＝タテの秩序と、郡を基盤とする国人たちの一揆による連携＝ヨコの秩序によって形成されていたのだ。

†陸奥国人の一揆契状

まず、当該期の陸奥国の地域区分について触れておこう。陸奥国南部を指す南奥は概ね現在の福島・宮城県南部に相当し(会津・仙道・海道地域)、中奥は奥州探題大崎氏の影響が及んだ河内七郡(大崎)と国府や平泉を中心とする陸奥国中心部(現在の宮城県北部・岩手県域)、北奥は概ね北緯四〇度以北の津軽・糠部地域に相当する(柳原・二〇〇二)。

陸奥国における国人一揆をまとめた一覧表を参照されたい(以下引用する場合、[ ]に番号を記す。なお、当該期の出羽では一揆契状が確認できない)。一揆とは、揆(はかりごと、道、方法)を一つにすることの意で、一味神水など特定の作法や儀礼を経て、共通の目的を達成するために結ばれた集団及び行動であり、構成員の平等性を特徴とする。一揆を結ぶ際には、一揆により達成しようとする目的を記した契約状と、神仏に一揆を誓約する起請文(神文と罰文を備える)とが合わさった「一揆契状」が作成された。

注目すべきは、当該期の一揆契状に「公方」ないし「上意」条項が現れる点であろう。南奥の国人一揆を検討した伊藤喜良は、奥州管領分裂状況を受け、一揆が誰を「公方」として認定するかが焦点であったことを指摘する(伊藤・二〇〇六)。また、呉座勇一は、一揆契状の「公方」条項を考察し、それが軍勢催促など上部権力の命令に応じることの意であり、南北朝内乱以降の戦争の恒常化や「公方」の併存状況を受け、一揆として政治的・軍事的に結集・対応する必要性が生じ、戦時立法として「公方」条項が出現したことを明らかにしている(呉座・二〇一四)。

呉座の一揆契約論では、国人一揆で交わされる一揆契状について、その様式・機能から「奉納型一揆契状」と「交換型一揆契状」に類型化した成果があるので参照しておきたい。

充所がなく、神仏を形式上の宛先とする奉納型は、一揆の結成を外部に表明し、連判によって一揆の力を誇示する〝外向き〟の文書であり、一通で機能が完結する。例えば、葛西一族等

文書名	典拠名	地域	形式
伊東祐信一揆契状	富塚文書	南奥	交換型
伊達宗遠一揆契状	伊達家文書	南奥	交換型
伊達政宗一揆契状	伊達家文書／留守家文書は写	南奥・中奥	交換型
結城朝治契状	伊勢結城文書	南奥	交換型
南部道重一揆契状	遠野南部文書	北奥	交換型
葛西一族等一揆契状	鬼柳文書	中奥	奉納型
藤原守綱一揆契状	遠野南部文書	北奥・中奥	交換型
前信濃守清継一揆契状	遠野南部文書	北奥	交換型
近江守清長一揆契状	遠野南部文書	北奥・中奥	交換型
源光朝契状	板橋幸一家文書	南奥	交換型
円戒一揆契状	仙台結城文書	南奥	交換型
結城白河満朝一揆契状	秋田藩家蔵文書20　赤坂光康家蔵文書	南奥	交換型
御代田宗秀一揆契状	富塚文書	南奥	交換型
懸田宗顕一揆契状	上遠野家文書	南奥	交換型
仙道一揆契状	白河証古文書	南奥	奉納型
田村一族一揆契状	秋田藩家蔵文書26　白川文書	南奥	奉納型
石川一族等一揆契状	秋田藩家蔵文書26　白川文書	南奥	奉納型
海道五郡一揆契状	相馬文書	南奥	奉納型
岩崎氏一族一揆契状	秋田藩家蔵文書55　城下諸士	南奥	奉納型
岩崎隆久一揆契状	「成簣堂古文書」小峯文書	南奥	交換型
保土原満種一揆契状	仙台結城文書	南奥	交換型
相馬隆胤一揆契状および書状	東京大学白河家文書	南奥	交換型
岩城親隆一揆契状	東京大学白河家文書	南奥	交換型
『奥州余目記録』	余目家文書	中奥	奉納型
『奥州余目記録』	余目家文書	中奥	奉納型
『奥州余目記録』	余目家文書	中奥	—

No.	年月日	西暦	参加領主	内容
1	観応 2.3.9	1351	伊東一族・田村一族	A
2	永和 2.8.18	1376	伊達宗遠・小沢伊賀守	A・B・C
3	永和 3.10.10	1377	伊達政宗・余目参河守（持家）	A・B・C
4	永和 3.11.25	1377	結城朝治・小峯殿（政常ヵ）	A（父子契約）
5	弘和 2.4.3	1382	南部道重・南部薩摩入道	A
6	永徳 2.7.17	1382	葛西一族ら6名	C
7	永徳 4.8.15	1384	藤原守綱（阿曽沼ヵ）・七戸殿（政光ヵ）	A・D
8	至徳 4.3.29	1387	前信濃守清継・南部左近将監（長経）	A
9	至徳 4.3. 晦	1387	（黒石）近江守清長・南部左近将監（長経）	A
10	嘉慶 3.11.9	1389	源光朝・板橋殿	A・D
11	明徳 2.8.23	1391	円戒・小峰殿（満政）	A
12	明徳 2.12.2	1391	白河満朝・赤坂鶴寿丸（石川蒲田氏庶流）	A・B・C
13	明徳 3.3.9	1392	御代田宗秀・冨塚殿父子3人	A・B・C
14	応永 7.10.11	1400	懸田宗顕・藤井殿（貞政）	A・B・C
15	応永 11.7	1404	仙道領主20名	A・B
16	—	—	田村一族13名	D
17	—	—	石川一族ら17名	—
18	応永 17.2. 晦	1410	岩城氏・標葉氏・楢葉氏・相馬氏ら海道領主10名	A・B・C
19	応永 24.7.28	1417	岩崎一族4名	A・D
20	永享 4.2.27	1432	岩崎隆久・小峯殿（朝親）	A
21	嘉吉 3.2.22	1443	保土原満種・小峯殿（朝親ヵ）	A
22	文明 2.6	1470	相馬隆胤・白川弾正少弼殿（政朝）	A
23	文明 6.1.2	1474	岩城親隆・白川弾正少弼殿（政朝）	A（兄弟契約）
24	—	—	河内四頭一揆（渋谷・大掾・泉田・四方田）と留守氏の五人一揆	—
25	—	—	留守・葛西・山内・長江・登米五郡一揆	—
26	—	—	かさい衆・桃生（山内首藤氏）・深谷（長江氏）・其外奥六郡同心	—

出典：呉座勇一『日本中世の領主一揆』掲載の表（基は小林一岳『日本中世の一揆と戦争』校倉書房、2001年）を加筆・修正した。

註：A—相互協力規定、B—公方（上部権力）規定、C—所務相論規定、D—その他

一揆契状［6］のように一揆による所務相論の解決体制を保証し、海道五郡一揆契状［18］のように一揆として「公方」への対応を決定するなど、一揆による共同意志や保証体制を外部に示すことに意味があった。永正一一年（一五一四）成立の『奥州余目記録』には、留守氏が結んだ「五人一揆」や「五郡一揆」の契状は、構成員の連判によって作成された奉納型であることを窺わせる記述がある［24・25］。一揆契状は留守氏系図とともに後世に継承すべき重要文書として扱われており、代が替わってもなお、一揆による関係性がイエあるいは地域にとって大切なものだと認識されていたことを示すものといえよう。

それに対して、充所があり（本文中に記される実質的なものを含む）、構成員相互の交換による手続きを踏むのが交換型である。こちらは、外部の人間にみせることを想定していない〝内向き〟の文書であった。一味神水の作法を必ずしも必要とせず、秘密裏に結ばれる一揆は、起請文による軍事同盟を彷彿とさせる。

本講では、一四・一五世紀の一揆契状がこの時代特有の政治史に絡む論点を持つことを鑑み、一揆を主軸に奥羽政治史を追っていく。「公方」条項を持つ一揆契状の出現と消滅を概観し、室町期の国人から戦国期の領域権力への変質を展望してみたい。

†一四世紀奥羽の戦乱と一揆

鎌倉幕府を倒幕した後醍醐天皇による建武政権は、北畠顕家を陸奥守に、葉室光顕を出羽守兼秋田城介に任命し、義良親王を陸奥国府に下向させるなど、奥羽支配機構を整備していく。郡を単位とする鎌倉期以来の奥羽支配体制を踏まえ、現地執行機関として郡奉行所を置き、それを構成する郡奉行と郡検断には現地の有力勢力を任命した（遠藤・一九七八）。しかし、旧幕府残党の蜂起（中先代の乱）を契機に、鎌倉を奪還した足利尊氏が建武政権から離反、建武三年（一三三六）北朝を擁立すると、南北朝動乱が奥羽にも影響を及ぼす。室町幕府は奥州総大将（斯波家長、後に石塔義房）、次いで吉良貞家・畠山国氏を奥州管領として下すなど、足利一門率いる北朝方と陸奥国府体制の南朝方との対立が繰り返された。

やがて北朝勢力内においても派閥対立が表面化する（観応の擾乱）。足利直義派の吉良貞家が高師直派の畠山高国・国氏父子を岩切城合戦で滅ぼし、観応二年（一三五一）奥州管領は貞家の単独制へと移行、翌年には北朝方が南朝方から府中多賀を奪還した。

右の政治背景の下、安積伊東一族と田村一族との間で一揆が結ばれた［1］。北朝年号で記された一揆契状の内容は、両一族一揆の相互協力を誓っており、南朝方の拠点府中が落ち、第三次宇津峰合戦に移行する過程で結ばれた軍事同盟といえる。安積伊東氏は康永二年（一三四三）結城親朝とともに北朝方への鞍替えしており、一方の田村氏（庄司一族）は当初から南朝方についていたが、第三次宇津峰合戦前後には、北朝方に寝返る者も現れた（杉山・二〇一四）。

この一揆は、安積伊東氏が田村一族を北朝方に引き入れる際、彼らが地域において孤立しないよう、その立場を保証したものと評価できようか。

文和二年（一三五三）宇津峰城陥落以降、奥羽の南朝勢力は衰退し、翌年には斯波家兼が新たな奥州管領に任命された。家兼子息の直持・兼頼兄弟はそれぞれ奥州管領・羽州管領になり、奥羽両管領制とも呼ぶべき体制が出現する（江田・二〇一五）。ただし、吉良・畠山・石塔氏らも在国しながら独自の権限を行使しており、「奥州ニ四探題也」と『奥州余目記録』は書き記す。いずれも足利一門で、室町幕府が奥羽の現地支配に関する職権を認めた者たちであり、立場からも血筋からも「公方」と呼びうる存在であった。

この時期に「公方」文言を持つ一揆契状が現れるのは、決して偶然ではなかろう。永和二（一三七六）、三年に伊達郡の伊達宗遠・政宗父子が田村庄の小沢伊賀守、宮城郡留守一族の余目参河守と結んだ一揆は、相互協力に加えて、「公方事」に関しては一揆中の談合により対応すること、「所務相論以下私確執」に至っては理非に任せて対応することが誓約された［2・3］。これは先に触れたように奥州管領が並び立つ状況を受けて結ばれた一揆である。特に後者について、入間田宣夫は、府中にとどまる共通の敵石橋氏（吉良方の大将）に対抗するため結ばれたものだと指摘する（入間田・二〇〇〇）。

弘和二年（一三八二）〜至徳四年（一三八七）、南部氏が結んだ一揆が四例確認できるが

［5・7〜9］、注目すべきは南朝年号「弘和」から北朝年号「永徳」「至徳」に変化している点である。近年の高橋和孝の成果によれば、八戸南部長経と一揆を結んだ近江守清長は胆沢郡の国人黒石清長に比定され、長経叔父の七戸政光と一揆を結んだ藤原守綱は遠野保の阿曽沼氏の可能性が想定されている（高橋・二〇一九）。未だ明確に幕府に従っていない八戸南部氏に対し、北朝方の国人が一揆を結ぶことにより、北朝帰順後の立場を担保することを示したという。中奥が斯波氏体制下へと編成されていたこと、さらに北奥の編入まで企図されていたことが窺え、室町幕府—奥州管領体制による奥羽支配を考える上で興味深い。

†奥羽の鎌倉府移管と国人一揆

関八州及び伊豆・甲斐の関東一〇か国を統治した鎌倉府は、明徳二年に奥羽をも管轄下に置いた。この前後、南奥仙道地域で結ばれた二つの一揆に「公方」文言がみえる。白川満朝と赤坂鶴寿丸とが結んだ一揆は、「公方事者、衆中可申談候」と契状を交わした二人を代表者としつつ「衆中」も加わっていたことが窺え［12］、冨塚父子三人と御代田宗秀の一揆では、所務相論以下の国公事に加え、「く方・ハたくしともにかたくみつき、見つかれ申へく候」とする契約がなされた［13］。変動する社会状況を受け、国人同士が一味同心して「公方」に対処しようとしていたことの現れといえよう。

奥羽の鎌倉府移管は、鶴岡八幡宮修繕費の負担、鎌倉への出仕及びその費用負担、国衙年貢の改変といった社会変動を生み、国人らの不満を急速に蓄積させた（杉山・二〇一四、二〇二一）。応永二、三年の田村庄司の乱では二代鎌倉公方足利氏満が南奥白河まで出陣し、奥州管領斯波氏が軍勢動員を主導するなど、鎌倉府・奥州管領による協調関係がみられたが、やがて奥州管領は解体され、応永七年には斯波詮持が奥州探題に任命された。応永六年には鎌倉公方足利満兼の弟満貞が稲村公方として陸奥国岩瀬郡稲村に下向、白川・小峰両氏を始めとする国人らが稲村公方を介して鎌倉府に間接的に奉公する体制がとられた。和賀郡の鬼柳下総入道も鎌倉府との関係構築を試みるなど、稲村公方の下向を機に南奥と中奥の一部に鎌倉府の影響が及ぶようになる（杉山・二〇二一）。

しかし、鎌倉府体制下の経済負担の増大や、室町幕府・鎌倉府に通ずる公権力の下向は奥州国人たちの反発を招いた。前述の田村庄司の乱に加え、応永六〜七・九年には二度に及ぶ伊達大膳大夫政宗の乱が発生、反鎌倉府の大崎詮持も在鎌倉を辞め、奥州へ逃れる帰途の田村庄大越で自害している。応永九年、反鎌倉府の立場にあった伊達政宗・蘆名・大崎満持（詮持の嫡男）の蜂起に対し、北上川中・下流域の葛西・山内首藤・長江氏らによる一揆は鎌倉府方につき、大崎・登米周辺で大崎氏に対抗した［26］。国人たちは一味同心し、一揆の総意として「公方」への対応を決定し、近隣の国人同士の紛争を回避していたようである。

「公方」文言を有する、応永七年の伊達郡懸田宗顕と菊田庄藤井貞政との一揆は、菊田庄内における室町幕府―奥州探題体制に連なる藤井氏と、鎌倉公方体制に連なる上遠野氏との対立関係から、遠隔地にある反鎌倉府派の者同士が結んだものである〔14〕。応永九年の第二次伊達政宗討伐に続く菊田庄合戦では、鎌倉府方の軍勢が藤井氏の居城を陥落させ、上遠野氏が勢力を伸長させることとなった。

南奥仙道地域では、三通の傘連判形式の国人一揆が知られる。応永一一年七月に白川氏庶流の小峰満政・安積伊東・岩瀬二階堂一族ら二〇人が結んだ国人一揆〔15〕、田村一族ら一三人による国人一揆〔16〕、石川一族ら一七人による国人一揆〔17〕であり、それぞれ一族の惣領ではなく庶子が参加している点に特徴がある。これらの一揆は、〔15〕で「上意」を受けて結ばれたことが記されているように、稲村公方の下向が結成の契機となっており、満貞の鎌倉帰還まで軍事的基盤となった（小豆畑・二〇二二）。

応永一七年二月、海道五郡一揆と呼ばれる、海道五郡（岩崎・岩城・楢葉・標葉・行方郡）の国人ら一〇人による傘連判形式の一揆が結ばれた〔18〕。一揆契状の二条目では、「公方之事」について五郡の「談合之儀」をもって対処することが誓約されている。後述するように五郡一揆の推戴する「公方」は時期や情勢によって変化しているが、結成当時の南奥情勢を鑑みれば、「公方之事」は稲村公方への対応を指すだろう。ちなみに、永享二～四年（一四三〇～三二）頃と推定される「大舘記」は、その構成員を「楢葉常陸入道・椎（標）葉播磨入道・岩城弥二郎・岩崎駿河守・相馬民部少輔入道」と記しており、彼らはそれぞれの惣領ないし郡の代表者に比定できる（泉田・二〇一七、二〇二〇、二〇二三）。

ただし、結成当時の一揆契状には、海道五郡一揆とあるものの、室町幕府方の岩崎氏の名はみえない。岩崎氏は一族四人で独自の一揆を結成しており［19］、当初は五郡一揆に参加していなかった。応永二三年一〇月、上杉禅秀の要請で篠川公方足利満直（満兼・満貞の兄弟）が奥州国人をとりまとめた際も岩崎氏を除いた「海東四郡の者とも」と把握されている（鎌倉大草子）。岩崎氏を含んだ五郡のまとまりが確認できるのは、一揆が満直とともに室町幕府方に転じて以降である。

なお、留守氏や葛西氏らが結んだ中奥の五郡一揆を含め［25］、複数の郡が広域に連携する一揆は、いずれも奉納型一揆契状が用いられた。地域間協約によって領主間紛争を抑止することはもちろん、共通意志をもって「公方」に対処する必要から、政治的・軍事的に結集した姿を他者に示すことが重要だったと推察される。

†京・鎌倉の対立と争乱

応永二三年に勃発した上杉禅秀の乱では、四代鎌倉公方足利持氏と関東管領山内上杉憲基が一時的に鎌倉府管轄国外に追放されたが、室町幕府の支持を得た持氏が反撃し、最終的に禅秀が自害した。乱の対立構図は、鎌倉府のみならず、地域社会をも二分し、乱で生じた闕所地や諸職をめぐって国人たちの押領行為等が頻発する事態を生み出した。流動化した地域秩序の再編は、室町幕府による京都御扶持衆の設定、鎌倉府による親幕府派の討伐として顕在化し、地域社会における争乱として展開していく（植田・二〇一八）。

南奥では、禅秀の乱中に篠川公方が室町幕府と結んだことにより、乱後は鎌倉府―稲村公方と室町幕府―篠川公方との政治路線の対立が現出した。応永二四年以降、持氏による禅秀与党の討伐が行われたものの、同三一年一〇月に持氏が鎌倉へ帰還し、都鄙の和睦が実現すると、翌月には稲村公方も鎌倉に帰還、南奥は篠川公方の管轄となり、奥州探題体制からも事実上切り離された（垣内・二〇〇六）。

正長・永享年間には、京・鎌倉の対立は地域紛争を巻き込み一層激化する。正長元年（一四二八）一二月の白川氏朝による石川駿河守攻殺事件は、石川庄内の所領をめぐる両氏の争いが背景にあった。駿河守の嫡子持光は稲村公方を通じて鎌倉公方足利持氏と結び、白川氏朝は篠川公方、室町幕府と結んだことから、京・鎌倉の対立として顕在化したのである。翌正長二年（永享元年）二月、稲村公方は「東海道五郡輩中」に石川氏への合力を命じたが（板橋文書）、海道五郡一揆はそれに応じず、彼らの請文が篠川公方を介して室町幕府に提出されている（満済准后日記)。京・鎌倉双方の働きかけによって、南奥国人は二分され、室町幕府―篠川公方を支持する海道五郡一揆・伊達・蘆名・白川氏ら、鎌倉公方―稲村公方を支持する石川・懸田氏という対立構図が現出した。

この後、両勢力は白川氏の拠点である宇多庄と白河方面で衝突する。懸田・相馬両氏が石川氏を支援し宇多庄を攻めたが、海道の「四郡仁等」は出陣せず(石川家文書)、その後は相馬氏も五郡一揆の総意に従い室町幕府方に傾斜したようである。宇多庄合戦は、鎌倉府勢の北関東出兵もあり、下野那須・常陸北部・南奥白河における京都扶持衆と鎌倉府勢との武力抗争と一体化しながら展開し、最終的に室町幕府の意を受けた伊達持宗の籌策《ちゆうさく》により和睦した。

†室町期から戦国期へ――「郡」の再編

永享の乱において鎌倉公方持氏及び稲村公方満貞は攻め滅ぼされ、続く結城合戦の過程で篠川公方満直は自害した。以降の奥羽においても、奥州探題・羽州探題といった足利一門を頂点とする家格秩序は維持される。一方で、現地から「公方」が消失した南奥では、室町幕府と直接つながる白川氏を中心とした秩序が形成された。京・鎌倉の対立が後景に退いた結果、奥羽では領主間の地域紛争が恒常化し、「公方」文言を掲げた一揆はみられなくなる。鎌倉・稲村・篠川公方の消滅は、奥羽の政治秩序の転換点となったのである。

他方、関東では、持氏遺児の足利成氏が室町幕府の承認を受け、五代鎌倉公方に就任、一時的に鎌倉府が再興された。しかし、鎌倉公方と関東管領上杉氏の対立という政治的矛盾から享徳の乱が勃発し、鎌倉府は解体、成氏は古河公方へと転身する。

長禄四年(一四六〇)足利義政が成氏追討を命じた御内書(「御内書案」)では、中奥・南奥・出羽の国人たちが軍勢動員の対象とされたが、奥州探題大崎氏の指揮下にあったのは葛西・黒川氏ら中奥の国人のみであった。南奥の国人は、白川氏が田村(及び田村一族中)・二階堂・小峰・蘆名氏を動員し、伊達氏が一族等や懸田氏を動員したほか、国分・塩松・二本松氏、石川・信夫一族中は直接出陣命令を得ている。出羽では羽州探題最上氏が国人を動員する一方、大宝寺氏はその指揮下に入らず、独自に一族・被官人を動員するよう命じられた。奥州探題や羽州探題が軍勢動員できる範囲は限られており、伊達・白川・大宝寺氏ら有力国人たちが地域の中核をなしつつ、なおそれぞれの国人が一族一揆を結んでいたようだ(白根・二〇一五)。

ところで、御内書は南奥海道の五氏にも直接発給されたが、ここにかつてのような広域連携の姿はみられない。象徴的なのは、文明年間に白川政朝と相馬隆胤・岩城親隆が結んだ一揆が一対一であることだろう[22・23]。相馬隆胤は、文安二年(一四四五)に牛越氏・飯崎氏を討ち、行方郡を統一、標葉一族を麾下に組み込みながら、標葉郡の領有化を目指していた(泉田・二〇二三)。岩城氏は、嘉吉・文安年間の内訌を経て、惣領の系統が周防守系から下総守系へと変化し、隆忠・親隆の代に岩城郡を統一、岩崎・楢葉両氏を打倒し岩崎・楢葉両郡を領有化していった(泉田・二〇一七)。岩城・相馬両氏は鎌倉期以来の知行地である郡を超え、隣接する他郡へと勢力を伸長させることを企図していたのであり、諸領主との抗争を優位に進めるべく、南奥の有力者白川氏と一揆を結んだのであろう。岩城・白川間の一揆は、奉納型一揆契状による郡やイエ同士を結ぶものではなく、個人間の「兄弟契約」と称されており、彼らと周辺領主との関係にも変化が生じていたことを窺わせる。

一五世紀後半~一六世紀初頭にかけて、地域紛争が顕在化するなか、岩城氏は楢葉・岩崎両郡・菊田庄に加えて常陸多賀郡をも手中に収め、相馬氏は標葉郡と宇多庄の一部を勢力下に置いた。それに伴い、彼らの支配領域は拡大・再編され、名字を冠した「〇〇郡(領)」と呼称されるようになる。同様の現象は、葛西氏が永正合戦において山内首藤氏を打倒し、勢力を伸長させた後、その支配領域が桃生・登米・本吉郡等を包摂する「葛西八郡」と呼ばれた事例(伊達家文書)や、雄勝・平鹿・山本郡を領した出羽小野寺氏の支配領域が「郡中」或いは「仙郡」と呼ばれた事例が挙げられる(金子・二〇〇八)。

室町期までの奥羽国人は、公権力から認められた郡単位の支配権に基づき、郡地頭、郡検断職、郡守護として在地支配を実行してきた。それに対し、一五世紀後半以降の国人たちは、周辺領主との関係を再編しながら、従来とは異なる支配領域を形成する。それは、室町期段階とは内実が異なる、新たに再編された戦国期特有の「郡」であった。戦国期奥羽では、この「郡」を治める領域権力（郡主）が室町幕府との関係を維持しつつ、地域の秩序を形成していく。

参考文献

小豆畑毅「〈再考〉稲村御所・篠川御所と南陸奥国人」『福島史学研究』九九、二〇二一年
泉田邦彦「一五世紀における岩城氏の内訌と惣領」『歴史』一二八、二〇一七年
同「南奥における戦国期権力の形成と展開」『歴史』一三五、二〇二〇年
同「室町時代の相馬氏と海道地域」『相馬市史』第一巻通史編「原始・古代・中世」二〇二三年
伊藤喜良『中世国家と東国・奥羽』校倉書房、一九九九年
同「南奥の国人一揆と「公方事」」細井計編『東北史を読み直す』吉川弘文館、二〇〇六年
入間田宣夫「探題と国人」『仙台市史』通史編、二〇〇〇年
植田真平『鎌倉府の支配と権力』校倉書房、二〇一八年
江田郁夫「東北の南北朝内乱と奥州管領」白根靖大編『室町幕府と東北の国人』吉川弘文館、二〇一五年
遠藤巖「南北朝内乱の中で」小林清治・大石直正編『中世奥羽の世界（新装版）』吉川弘文館、二〇二二年。初出一九七八年
垣内和孝『室町期南奥の政治秩序と抗争』岩田書院、二〇〇六年
金子拓「戦国大名平鹿小野寺氏と周辺領主たち」『横手市史』通史編「原始・古代・中世」、二〇〇八年
黒嶋敏『中世の権力と列島』高志書院、二〇一二年

同　「京・鎌倉と東北」白根靖大編『室町幕府と東北の国人』吉川弘文館、二〇一五年
呉座勇一『日本中世の領主一揆』思文閣出版、二〇一四年
白根靖大「東北の国人たち」同編『室町幕府と東北の国人』吉川弘文館、二〇一五年
杉山一弥『室町幕府の東国政策』思文閣出版、二〇一四年
同　「田村庄司の乱の展開と小山若犬丸・小田孝朝」黒田基樹編『足利氏満とその時代』、戎光祥出版、二〇一四年
同　「十五世紀奥羽の地域秩序と室町幕府・鎌倉府」『日本史研究』七一二、二〇二一年
高橋和孝「奥州管領斯波氏と胆沢・江刺郡」『岩手史学研究』一〇〇、二〇一九年
柳原敏昭「中世陸奥国の地域区分」柳原敏昭・飯村均編『鎌倉・室町時代の奥州』高志書院、二〇〇二年

［付記］本稿はＪＳＰＳ科研費（22K13194）による研究成果の一部である。

戦国期南奥羽の領主たち

黒田風花

†南奥羽の領域権力

鎌倉府による支配が終焉を迎えると、奥羽では奥州探題・羽州探題を中心として、領主たちが室町幕府との関係を構築していった。その一方で、一五世紀半ば以降には領主たちの自立的な活動も目立ち始め、奥羽各地で紛争が常態化していった。

戦国時代には、周辺領主との離合集散を繰り返しながら、直轄領を排他的に支配する領域権力が登場する。他地域においては一国規模の領域（領国）を排他的に支配する領域権力が存在し、そのような領域権力が研究上戦国大名と定義されているが、広大な奥羽の地では一国を統一する領域権力は形成されず、中小規模の領主が林立する状況が生じた。

この広大な土地の戦国時代史を紐解くため、一九七八年に小林清治により奥羽を南北に区分する視角が提示され、研究は進展した。小林による区分は、「和賀・稗貫・閉伊以北の陸奥諸郡（岩手県中部以北・青森県）と由利・雄勝以北の出羽国（秋田県）」を「その自然と歴史において」以南と分けるというものである。また、陸奥については北奥・中奥・南奥の三地域に区分して論じられることもある。この場合、北奥は小林による区分の通りであり、中奥は北奥の南からおおむね現在の宮城県域、南奥は福島県域にあたる。このうち、南奥・中奥については、領主間の政治的関係が一五世紀段階から確認されるが、北奥と中奥・南奥の領主とでは、天正後期に至るまで直接交渉を行っている事実を示す史料は確認できない。中奥・南奥の領主が北方産物を入手している例もみられることから、全く断絶しているとはいえないが、天正年間に至るまでは政治的に異なる世界だったと考えてよいだろう。出羽については、小林による区分の後、出羽一国規模での歴史を明らかにしようとする視点での研究も進められている。但し、領域権力の政治的関係に着目した場合、南羽と中奥、南羽と南奥の領主間の外交・軍事活動を示す史料が比較的豊富に残されていることから、中奥・南奥・南羽を政治的にまとまった地域として捉える視角の有効性は失われていない。よって、本書においては小林による区分を踏襲し、奥羽を北奥羽・南奥羽に分割して叙述する。

本章では、南奥羽の戦国時代について領域権力に注目して論じる。南奥羽の主な領域権力を図Aに示した。特に南奥の領域権力については個別の研究が進展しており、北関東や越後との政治的・文化的一体性が指摘されている。また、先述した通り、南奥羽では中小規模の領域権力が併存していたが、支配領域の大きさから実力に差があったことは明らかである。

この地域の領域権力の特徴として①一五世紀半ばから確認される諸氏の複雑な姻戚関係、②鼎型印の使用、③領主間の書状にみられる書札礼の三点が明らかにされている。①については、図Bのように養子・縁組関係が繰り返されていた。

図Bは南奥のみを対象としているが、南羽・中奥の領域権力とも姻戚関係が確認される。その結果、先代では親類関係にあった他氏と当代で対立するという構図も存在した。この点は後述する南奥羽の領主間における外交・軍事関係に密接に関わる。

図A　南奥羽の主な領域権力の配置

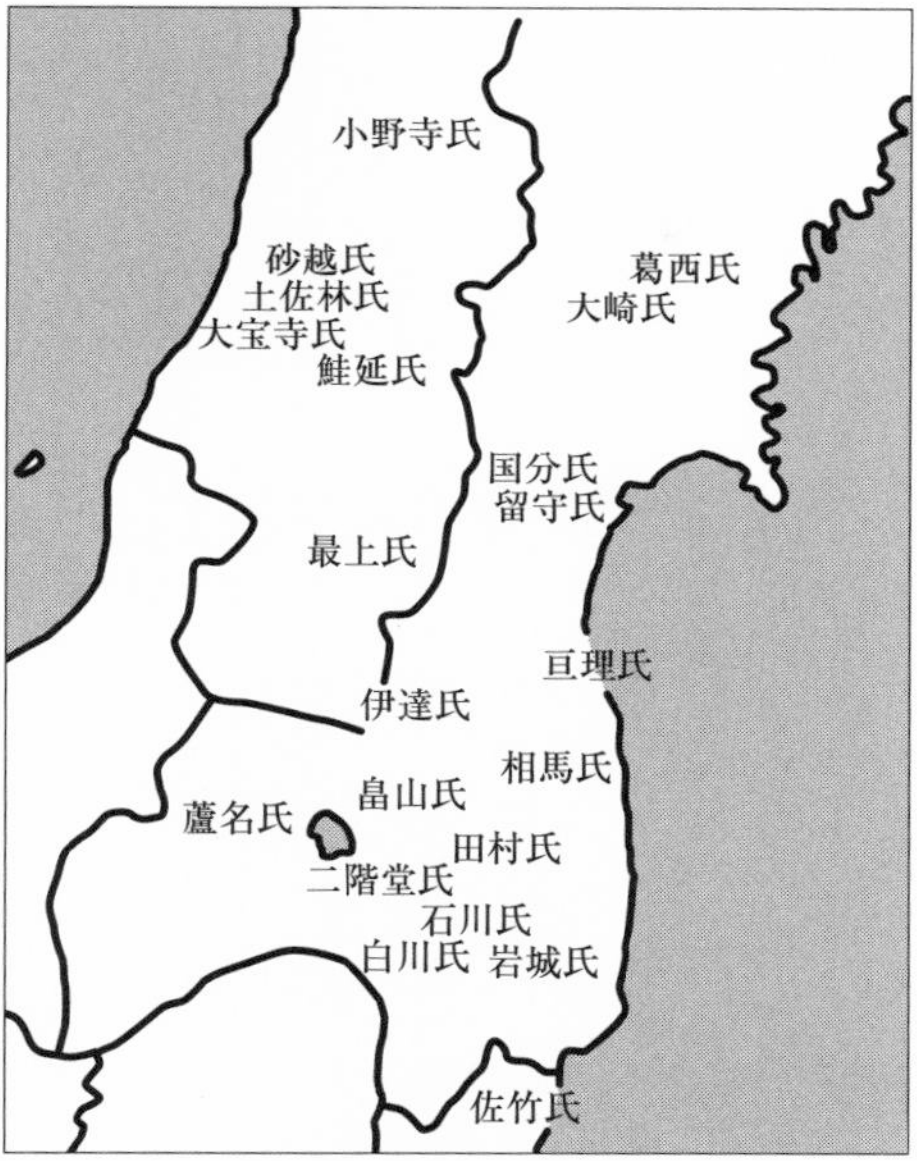

高橋充「奥羽仕置」（同編『東北の中世史５　東北近世の胎動』吉川弘文館、2016年）掲載図をもとに一部改変

②は、細かい意匠が異なるものの、印面が鼎型という点が共通している。南奥羽の領域権力の中でも、規模の大

図B　南奥領主間婚姻関係系図

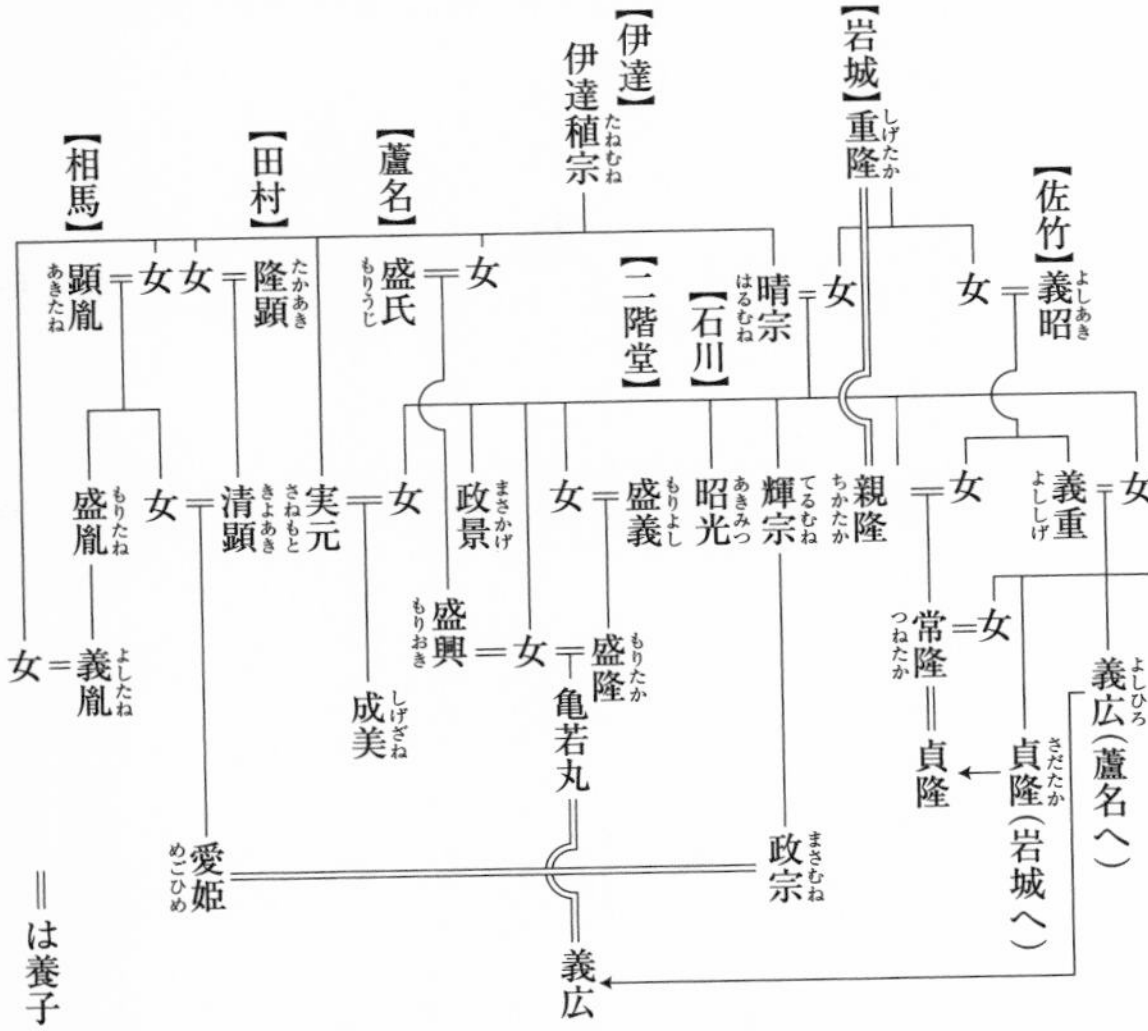

山田将之「戦国期南奥羽の中人制」（南奥羽戦国史研究会編『伊達政宗——戦国から近世へ』岩田書院、2020年）より転載

きい領主に使用が確認されている。③は二〇〇九年に「遠藤家文書」が発見されたことにより明確となったものである。

「遠藤家文書」とは、仙台藩士だった遠藤家伝来の史料群である。その中には元亀年間以降に伊達氏の重臣となった遠藤基信が南奥羽の領主や家臣たちから宛てられた書状がまとまって残されていた。写ではない現文書も四〇通以上あり、一次史料が限られている奥羽の戦国時代史にとって大きな発見となった。

遠藤基信の受給史料は「遠藤家文書」のほかに「遠藤山城文

書」にも残されている。「遠藤山城文書」も「遠藤家文書」と同じく遠藤家の家伝史料だったことは明らかだが、いつかの段階で遠藤家を離れ、現在は仙台市博物館に所蔵されている。「遠藤山城文書」の遠藤基信受給史料は、織田氏や徳川氏、北条氏など、南奥羽以外の地域の領域権力やその家臣たちから宛てられた書状である点が「遠藤家文書」と異なっている。「遠藤山城文書」の書状では、竪紙や竪切紙で、横切紙の斐紙が用いられるのに対し、「遠藤家文書」の南奥羽の書状では、横内折の跡が見られることが特徴である。また、「遠藤山城文書」では、追而書（追伸部分）が袖（文書の右端）に記されるが、「遠藤家文書」では袖に余白がない状態で本文が書き出され、追而書は文書の左上に書かれる形で統一されている。「遠藤家文書」と「遠藤山城文書」の比較により、南奥羽の領域権力間で用いられる書札礼が他の地域とは明らかに異なるものだったことが分かる。

また、北奥羽や北関東の領域権力と同様に「洞」による領域支配が行われていたことも特徴である。「洞」とは史料用語で、領主の支配領域や家中とほぼ同義で用いられるほか、領主同士の結合を示す語としてもあらわれる。研究用語としては特に後者の意味で用いられ、独自の支配領域を治める領主と人的に結合することで、領主としての領域支配を認めながら権力内部に編制するというものである。領域支配の論理だけでなく、「洞」として結びついた領主を軍事的に指揮するようすもみられた。この領主間の人的な関係は、族縁・地縁によって広く結ばれていた。

†家臣団構造

南奥羽の領域権力の研究は伊達氏を主な対象として進められてきた。一方で、東北地方における自治体史編纂の成果によって、伊達氏以外の諸氏に関係する史料の公開が進み、研究が進展してきた結果、伊達氏を中心に東北地方の歴史が描かれてきたことへの批判も少なくない。しかし現時点においても、南奥羽の領域権力の中で関係史料が最も豊富に確認できるのは伊達氏であることから、ここでは伊達氏を事例として家臣団の構造について紹介する。

南奥羽の領主による領域支配は、「洞」の結合がみられることからも明らかなように、一円的・均質的なものではない。伊達氏においては在郷の領主層を家中に編制し、領域支配を行っていた。在郷領主を家中に組み込む際には、一家・一族といった家格を与え、段銭等の課役免除の特権を認めることがあった。在郷領主を含む、知行地に在郷する家臣を在郷衆と呼ぶ。在郷衆の中には、軍事的拠点となる城を与えられ所領を治める支城主もいた。

家中の城下への集住もみられる。在郷衆と、城下（伊達氏直轄領）の家臣という構造によって、領域支配を展開していたことが分かる。また、領主としての性格を持つ在郷衆は勿論、城下に集住する家臣も、自身の家中を形成していた。家臣の領地は分散して宛行われることが多く、複数の領地にそれぞれ家中を形成するようすも確認されている。

家臣団構造の大枠はこの通りだが、「宿老」と表現される政治意思決定に関与するような重臣は、当主ごとに顔ぶれが変わり、政治への関与の仕方も一様ではなく、領域権力の内部機構は安定したものではなかったとみられる。例えば、伊達稙宗当主期に成立した法令集「塵芥集」の奥書には重臣たちが連署し「塵芥集」の履行を誓っているが、重臣たちが「塵芥集」に則って合議を行うようすは確認されない。稙宗の後に当主権を確立した晴宗の時には、その重臣たちの内の牧野氏・中野氏の活動が目立つ。特に牧野氏は、伊達氏家臣の知行宛行等に関わっている。続く輝宗当主期になると、元亀元年（一五七〇）に元亀の叛と呼ばれる牧野氏・中野氏のクーデターが発生し、両氏は放逐され、先述した遠藤氏が起用されて伊達氏の外交や段銭徴収等に関わっている。また、輝宗期には「宿老」たちによる評定で外交・軍事の方針を決定していた。重用される家臣の人選や政治への関与の仕方には、当主ごとの特色があったといえるだろう。

同様に、外交・軍事関係にも当主の人格が色濃く反映されていた。先述した他氏との姻戚により、他の領域権力との関係は変化しており、故に家督を譲った後の「隠居」も、当主期に築いた外交関係を元に政治に介入することがあった。隠居以外の親類による関与も確認され、当主による独裁的な執政が行われにくい状況にあったといえる。

家臣たちは伊達氏による軍事行動の際、伊達氏の軍団として編制された。家臣は自身の家中や寄子関係にある他の伊達氏家臣（及びその家中）を率いて番や備と呼ばれる軍隊を形成する。また、在郷衆ではない中小規模の領主も伊達氏の軍団に編制されることがあった。彼らは伊達氏の家臣とは異なり、伊達氏に対して独立した領域支配を行う領域権力だが、軍事的に伊達氏と従属・被従属関係にあった。天正二年（一五七四）と同五年の軍事行動の陣立を比較すると、一番目に配置される軍隊は、進攻先に近い場所に領地を有する他領主または在郷衆が任されている。その後は在郷衆が続き、大将のいる本陣付近には、城下住みの伊達氏の直臣、特に近習や側近をつとめる重臣層が配置されるという傾向がみられる。

天正二年頃の内容と推定される長井地方（山形県置賜地域）の軍勢の着到状況を記載した史料「伊達氏人数日記」によると、この時の動員人数の半数以上は槍である。しかし、同じく天正二年の輝宗による日次記「伊達輝宗日記」には、鉄砲による戦いがたびたび行われていたことが記されている。また、鉄砲の火薬は家臣からの献上品や、領主間の贈答品になっており、天正年間には鉄砲も南奥羽の合戦における武器として浸透していったものと考えられる。

†離合集散――南奥羽の和戦

紛争が常態化した戦国期にあって、南奥羽では実力が異なる中小規模の領域権力が林立し、離合集散を繰り返していた。ここでは南奥羽における合戦の様相を紹介する。

戦国期の南奥羽で最も大きな合戦のひとつは、天文一一年（一五四二）に発生した伊達氏天文の乱である。これは伊達氏当主の晴宗とその父稙宗との父子の対立に端を発した合戦で、南奥羽の大部分に拡大した。この合戦の拡大の原因は、戦国期に見られる父子による権力の分立状況と、先述した姻戚関係に代表される南奥羽の領主間の関係に求められると考えられる。伊達氏に限らず当主が家督を譲った後も、領域支配に深く関わることが戦国期には見られた。同じ南奥羽では蘆名盛氏が家督を譲り「止々斎」の号を名乗った後も、他の領域権力との外交に関与していた例が見られる。すなわち先代当主も権力を有しており、当主期に築いた他の領域権力との通好関係を継続することができたといえる。よって、伊達氏以外の領域権力も、稙宗・晴宗それぞれとの関係を根拠として、自身の利害関係のために合戦に加わることがあった。そして参戦した他の領域権力の当主と先代当主との間でも対立が生じる状況となり、大規模な紛争へと発展した。

紛争当事者でない他の領域権力が合戦に介入する事例は、南奥羽では多くみられた。天正二年（一五七四）に勃発した最上義守・義光父子の争いでは、義守の娘で義光の妹である義姫（保春院）を室とした伊達輝宗が、義守に加担し、最上領方面へと進攻している。また、参戦するのではなく、紛争当事者に働きかけて停戦を斡旋することもあった。特に南奥においては、紛争に与しない第三者が介入して停戦を成立させる例が多数確認される。権力の分立や姻戚関係に代表される領域権力間の通好関係は、紛争の原因であると同時に、第三者が停戦を取りまとめるために介入することも可能としたといえるだろう。第三者が介入する場合は、介入者が停戦の条件を提示し、紛争当事者が承諾すれば停戦が成立したが、条件をのめない場合は紛争が継続した。また、紛争当事者同士で停戦を協議・決定することもあり、その際には当事者間の使者によって停戦条件がまとめられた。

紛争当事者でない第三者の介入を認めない時や、第三者が提示した停戦条件に承諾しない場合には、紛争当事者が第三者との関係を絶つことがあった。この時、紛争当事者である領域権力の当主と、停戦を斡旋する他の領域権力の当主の間は、文字通り絶交状態となるが、紛争当事者の意思を変え、停戦を成立させるため、第三者は隠居した先代当主や外交関係に関わる家臣に連絡し、当主を説得するよう働きかけた。永禄年間に伊達氏当主の晴宗と子の輝宗との関係が悪化した際は、最上義守が晴宗の重臣である牧野久仲に対し、輝宗は若いため、牧野氏父子が考えを巡らせて仲を取り持つのがよいとの書状を宛てている。当主に近く重用される家臣は、当主の意思決定に影響を与え得る存在であり、他の領域権力から当主へ働きかけを期待されていたと考えられる。

家臣だけでなく、当主が無視できない隠居した先代当主や、一門などの血縁関係者も、当主の意思決定に関与することがあり、同様に当主への働きかけを望まれる史料が残されている。また、天正九年に伊達氏が田村氏と争う蘆名氏に対して停戦を斡旋した際は、それぞれの家臣が停戦を成立させるために書状を取り交わしている。蘆名氏家臣の金上盛光が伊達氏家臣の遠藤基信に宛てた書状では、伊達氏の斡旋による停戦に否定的な当主に対し、状況を見て諌言を行う意思を伝えている。当主と家臣との関係にもよるが、家臣間のネットワークが停戦交渉に影響していたことは間違いないだろう。

規模の大きい合戦では、停戦を斡旋するために紛争に介入する領域権力も複数となる場合があった。三氏以上の紛争当事者及び複数の介入者によってまとめられた停戦は、史料上「惣無事」や「惣和」と表現されることがある。他氏の介入によってまとめられた停戦をすぐに破棄することに対しては、南奥羽の領主の中で否定的な意識がみられ、これにより中小規模の領域権力が滅亡しにくい状況が生じていたと指摘されている。一方で、実力によって領域の境界を決定することや、停戦の条件として紛争当事者の一方が軍事的に従属させられること、滅亡に追い込まれることもあり、南奥羽の領域権力による停戦の斡旋は、戦国期の自力を否定するものではなかった。

†移行期における領主権力の変容

天正一八年（一五九〇）、小田原北条氏を滅ぼした豊臣政権は、奥羽の諸領主に対し、処分・配置換え等を断行した。奥羽仕置と呼ばれるこの政策に対し、奥羽各地で武力蜂起が起こったが、戦国期以来の南奥羽の領主たちと豊臣政権から派遣された新たな領主によって鎮圧され、奥羽再仕置が実施された。伊達氏の場合は本領にあたる伊達・信夫両郡（福島県）を取り上げられ、本拠を米沢（山形県米沢市）から岩出山（宮城県大崎市）へと移すこととなった。

戦国期に伊達氏と同等の外交関係を取り結んでいた領域権力の中には、他の領主の家臣として編制されるものがいた。豊臣政権から領域支配を認められ、領主として存続しても、その後の朝鮮出兵や京・伏見への居住により、領地に当主が不在の状況が生じ、領域支配の在り様は大きく変化した。また、豊臣政権との接触によって書札礼にも変化が生じ、戦国期南奥羽の領主間で用いられた形式は徐々に見られなくなっていく。

一方で、戦国期の慣習や秩序はすぐには変化しなかった。各地で紛争が繰り返される状況は豊臣政権によって一時解消されたが、豊臣秀吉の死後、政権内部の対立も激化し、慶長五年（一六〇〇）の関ヶ原合戦へとつながる。奥羽においては関ヶ原合戦に先立って合戦がはじまり、徳川方に与した伊達政宗に対し、徳川家康は領地覚書を送った。いわゆる「百万石のお墨付」と呼ばれるこの覚書は、豊臣政権によって没収された伊達氏の旧領を伊達氏の重臣たちへと与えることを示している。しかし、実際に与えられたのは、覚書に記された七郡のうち伊達氏が攻め取った刈田郡一郡のみだった。これは戦国期にみられた切り取り次第の境界決定の意識を前提とした処置と考えられる。更に時代は下り、寛永四年(一六二七)、政宗は幕府の許可を得て隠居屋敷である若林城(仙台市)を造営した。政宗は若林城に移った寛永五年以降も藩政を主導し、江戸への参勤も継続していているが、政宗は若林城を隠居屋敷と認識していた。本講で紹介した当主と隠居した先代当主との権力の分立という戦国期の慣例が政宗の意識として存続していたといえるのではないだろうか。

参考文献

明石治郎「財団法人斎藤報恩会所蔵「遠藤山城文書」について」『仙台市博物館調査研究報告』第一三号、一九九三年

阿部浩一「戦国期南奥の政治秩序」『東北史を開く』山川出版社、二〇一五年

遠藤ゆり子編『東北の中世史4　伊達氏と戦国争乱』吉川弘文館、二〇一六年

大石直正「戦国期南奥の地域と印章」藤木久志・伊藤喜良編『東北から中世をみる』吉川弘文館、二〇〇九年

黒田風花「戦国期関係文書解説」白石市教育委員会編『白石市文化財調査報告書第五三集　伊達氏重臣遠藤家文書　戦国編2』白石市歴史文化を活用した地域活性化実行委員会、二〇一七年

黒田風花「伊達政宗当主期の意思伝達と家臣――茂庭綱元関係文書の検討を通じて」野本禎司・藤方博之編『仙台藩の武家屋敷と政治空間』岩田書院、二〇二二年
小林清治「大名権力の形成」小林清治・大石直正編『中世奥羽の世界』東京大学出版会、一九七八年
高橋充「奥羽と関東のはざまにて　戦国期南奥の地域権力」熊谷公男・柳原敏昭編『講座　東北の歴史第三巻　境界と自他の認識』入間田宣夫監修、清文堂出版、二〇一三年
高橋充「戦国期奥羽の書状の形態をめぐって――「竪紙・竪切紙系書状」の展開」矢田俊文編『戦国期文書論』高志書院、二〇一九年
竹井英文『列島の戦国史7　東日本の統合と織豊政権』吉川弘文館、二〇二〇年
山田将之「中人制における「奥州ノ作法」――戦国期の中人制と伊達氏の統一戦争」『戦国史研究』五七、二〇〇九年
南奥羽戦国史研究会編『伊達政宗――戦国から近世へ』岩田書院、二〇二〇年
柳原敏昭「「伊達氏重臣遠藤家文書」の料紙について」湯山賢一編『古文書料紙論叢』勉誠出版、二〇一七年

コラム1 伊達家重臣遠藤家文書・中島家文書について

小佐野 浅子

「遠藤家文書」（個人蔵、白石市教育委員会寄託、白石市指定文化財「遠藤家資料・中島家資料」）が発見されたのは、二〇〇九年のことである。白石市文化財調査報告書第四〇集として刊行された『伊達氏重臣遠藤家文書・中島家文書――戦国編』所収の平川新氏と櫻井和人氏の論考は、数十年に一度とも、百年に一度ともいわれる発見を目の当たりにしたお二人の臨場感のある興奮を伝える。報告書は、二〇一一年一二月一〇日に宮城県白石市で開催されたシンポジウム「南奥羽の戦国世界――新発見！　遠藤家文書に見る戦国大名の外交」に合わせて刊行された。会場となった白石市文化体育活動センターホワイトキューブに集まった四〇〇人を超える聴衆の熱を今でも覚えている。来場者は白石市民に留まらず、様々な地域から多くの研究者が足を運んでおり、「遠藤家文書」が大きな注目を浴びているということを物語っていた。それにふさわしい堂々たる歴史資料であることは間違いない。

遠藤家は、伊達政宗の父輝宗以来の重臣の家柄で、江戸時代も仙台藩家老の家格を維持した。輝宗が伊達家の家督を継いだ際、中野宗時・牧野久仲父子が前当主晴宗政

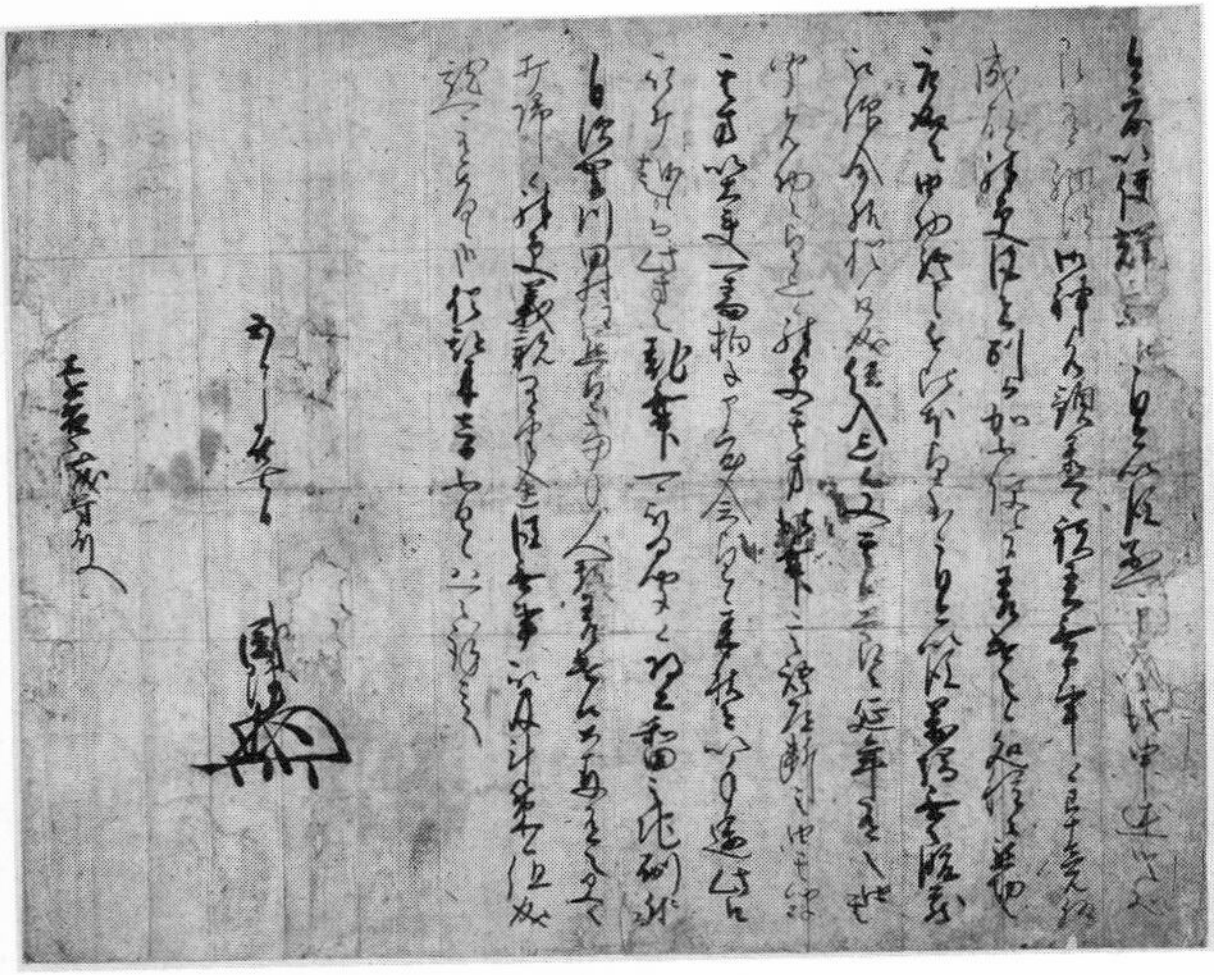

「蘆名盛隆書状」（遠藤家文書）

権下に続いて家中の実権を掌握していたが、元亀元年（一五七〇）中野・牧野父子の追放によって輝宗の権力が確立し、以後、伊達家の勢力拡大が進んだ。輝宗政権を支えた重臣の筆頭が、遠藤家の祖基信で、基信は主に外交交渉を担当した。前述報告書の菅野正道氏の解説によれば、もともと遠藤家に多くの戦国文書が伝来したことは江戸時代から知られており、仙台藩の修史事業においてもそれらの文書が提出され、伊達家の正史である『治家記録』編纂に利用されたという。しかしながら、一部を除いて遠藤家伝来の戦国文書の存在は杳として知れず、平成に入ってから開始された『仙台市史』編纂における資料調査でも、当時確認できた以上の数の戦国文書が存在した事実は明らかになったものの、文書自体の発見には至らなかった。しかし膨大な資料は確かに受け継がれており、遠藤家の流れを汲む白石市の旧家で保管され続けてきたのである。

そして二〇〇九年春、白石市教育委員会によって数千点に及ぶ大量の資料の存在が確認された。白石市教育委員会と地元白石の白石古文書の会、NPO法人宮城歴史資料保全ネットワークなどが協力しての資料整理と写真撮影が始まり、その概要は徐々に明らかになっていった。中世の文書としては、幕末の遠藤家当主が蒐集したと思われる文書のほか、戦国期の遠藤家に関わる文書が数十点、遠藤家と縁戚関係にあった同じく伊達家重臣中島家の戦国文書数点が含まれていた。さらに東日本大震災後にも、戦国期文書の一群が白石市教育委員会による史料レスキューの中で見つかった。

家伝文書の中心は、戦国期の遠藤基信と嫡子宗信、ないしは伊達氏に宛てられた書状で、遠藤家は主として外交を担当していたため、蘆名氏、田村氏、白河氏といった南奥の戦国大名やその重臣からの外交文書が最も多い。それ以外にも、留守氏や黒川氏ら国衆や伊達氏家臣から遠藤家に宛てられた書状や、天正十一年(一五八三)に出された伊達領の段銭請取状なども確認された。文書内容そのものが伊達輝宗期の伊達氏を中心とした南奥の外交関係をより鮮明にするものとして貴重であるのは言うまでもないが、それだけでなく、差出人の署名や宛名の書き方、書状に用いる紙の使い方などといった書札礼の実例を豊富に示すという点でも重要な価値を持っている。また、蒐集資料は鎌倉時代から戦国時代に及び、足利義持・義教・義政の御判御教書六通のほか、万里小路時房の『建内記』の自筆原本断簡は、写本も知られていない新出資料であり、裏文書に三宝院満済書状もあるなど特に注目される。

中世史料の調査は、菅野正道氏（当時仙台市史編纂室）、七海雅人氏（東北学院大学）、柳原敏昭氏（東北大学）を中心に、二〇一〇年春から本格的にスタートした。三氏とともに東北大学及び東北学院大学の日本中世史を専攻する研究員・大学院生・学生が定期的に白石市に通って少しずつ調査を進め、時には仙台だけでなく各地の研究者の協力も得た。東日本大震災の前後で都合八回九日間行われた調査には筆者も参加した。もっと頻繁に白石市中央公民館に通った気がしていたが、戦国期文書の原本に直接触れる貴重で濃密な体験ゆえに、そのように感じたのかもしれない。いずれの文書も保存状態は良好で、調査は比較的スムーズに進んだように記憶している。また、白石古文書の会と白石市教育委員会によって目録作成も進められ、二〇一四年に全ての目録カード作成が完了している。

なお、これまでに白石市文化財調査報告書として戦国編（二〇一一年）、戦国編2（二〇一七年）、幕末明治編（二〇二一年）が刊行され、研究に活用されている。今後も活発な議論を期待したい。

参考文献

白石市文化財調査報告書第40集『伊達氏重臣　遠藤家文書――戦国編1』白石市教育委員会編、二〇一一年
白石市文化財調査報告書第53集『伊達氏重臣　遠藤家文書――戦国編2』白石市教育委員会編、二〇一七年
白石市文化財調査報告書第60集『伊達氏重臣　遠藤家文書――幕末・明治編』白石市教育委員会編、二〇二一年

付記

遠藤家文書写真の掲載に当たっては、ご所蔵者および白石市教育委員会の許可を得た。ご高配に感謝申し上げる。

第10講

北奥羽の戦国世界

熊谷隆次

†戦国時代の領域権力と「平和」

本講では、「北奥羽」(青森県・岩手県北部〈北上市・遠野市・釜石市以北〉・秋田県)各地の特徴を大切にしながら、この地が有した戦国世界の全体像を描写することに努めていきたい。

「戦国時代」については、地域に出現した自立的権力が、独自にその勢力拡大の行動(私戦)を起こした時代、と定義することができる。一九八〇年代までの戦国期研究では、領主―農民(農奴《のうど》)間の階級対立が激化してきたため、領主は農民を力で抑圧するために階級結集し、専制的な「戦国大名」を成立させた、とする学説が主流を占めていた。領主は「組織された暴力」で農奴を支配していたとする史的唯物論の階級闘争論・国家論(マルクス＝エンゲルス『共産党宣言』『ドイツ・イデオロギー』)などの影響による。

しかしこれでは、領主の持つ武力の本質が、農民を弾圧するための手段となり、領主間の合戦で用いられた武力や戦争の意味を説明するのは難しい。戦国時代の北奥羽では、抵抗する農民を弾圧するために領主が武力を行使した、という史料は全く見あたらない。

一九九〇年代から近年にいたる戦国期研究では、上位権力の干渉を受けず、排他的・一円的で独立した所領（国家）と家来の集合体（家中《かちゅう》）をもった領主（領域権力）を戦国期の基本的な領主ととらえ、その独立性を認めたまま彼らを軍事的に服属させた有力領主を「地域国家」「複合国家」の君主とする考え方がほぼ定着している。前者には「国衆《くにしゅう》」「戦国領主」「地域的領主」、後者には「戦国大名」のほか「戦国期守護《しゅご》」「地域的統一権力」などの学術用語があてられている。北奥羽の戦国期の解明のためには、階級闘争論にもとづく国家論よりも、「領域権力」を中心に置く国家論の視点が有効的であろう。

なお、戦国期、北奥羽の領主が関わった武力紛争は、ほぼ必ず周辺の領主（第三者）による仲裁が行われ、講和が結ばれた（「中人《ちゅうにん》」制）。そして、講和後の平和状態は「静謐《せいひつ》」「安全」とされ周辺領主から悦ばれた。武力紛争は、紛争→仲裁→講和→平和という手続きと経過をたどり、あくまで紛争解決のための一手段であった。「闘争は、それ自体すでに対立するものの間の緊張の解消である」「闘争が平和を目指す」（G・ジンメル『闘争の社会学』）。「平和」とは、地域の領主らにとってあるべき地域秩序のことであり、その「平和」のための交渉、仲裁の形式からも、領主の地位と特徴を明らかにできるであろう。「領域権力」と「平和」、この二つの視点から北奥羽の戦国争乱を探っていきたい。

戦国期北奥羽の概略図

小林清治・大石直正編『中世奥羽の世界』(東京大学出版会、1978年)付録の図(遠藤巖氏作図)を一部加筆・修正。なお、出羽の郡名は推定。

†戦国期の領主配置の確定

室町中期まで、津軽十三湊《とさみなと》を拠点に、津軽・糠部《ぬかのぶ》郡宇曽利郷《うそりのごう》と蝦夷ヶ島《えぞがしま》（北海道）南端にわたる広大な所領を支配していたのは、「奥州下国《しものくに》殿」と称された安藤（安東《あんどう》）氏であった（下国安藤氏）。応永《おうえい》初期（一四世紀末）には、庶子《しょし》が北出羽の湯河湊《ゆかわみなと》に入って秋田郡を手中に収め「湊殿《みなとどの》」（湊安藤氏）と称された。下国・湊の安藤両家で、ほぼ北奥羽西部を支配下に収めた。

しかし、永享《えいきょう》四年（一四三二）、北奥糠部郡の南部氏が、津軽に出陣して下国安藤氏を蝦夷ヶ島へ没落させた。下国安藤氏はその後、北羽の河北《かわきた》郡に入り、一五世紀後半を通して津軽奪還戦を続けたが実現せず、津軽と宇曽利郷は南部領に組み込まれた。ただし、明応《めいおう》四年（一四九五）、河北郡（のち檜山《ひやま》郡）全域を確保し、「檜山殿」と称されることになる。

北羽の横手《よこて》盆地は「仙北《せんぼく》」（山本《やまもと》・平鹿《ひらか》・雄勝《おがち》の三郡）と称され、戸沢《とざわ》・六郷《ろくごう》・本堂《ほんどう》・小野寺《おのでら》の四氏が勢力を築いていた。山本郡には戸沢氏（貞盛《さだもり》流平氏）・六郷氏（二階堂《にかいどう》氏）・本堂氏（和《わ》賀《が》氏の庶流）が、また平鹿郡・雄勝郡には小野寺氏（秀郷《ひでさと》流藤原氏）がいた。このうち、仙北の南半分を支配する小野寺氏は、長禄《ちょうろく》二年（一四五八）に仙北へ進軍した南部氏に敗北して服属下（「幕下」）に入ったものの、寛正《かんしょう》六年（一四六五）から応仁《おうにん》二年（一四六八）までの合戦に勝利し、独立を果たしたとされる（『蜷川親元《にながわちかもと》日記』）。

この一五世紀後半の戦争を通し、①南部氏は糠部郡のほか津軽・鹿角《かづの》郡・久慈《くじ》郡・閉伊《へい》郡・岩手《いわて》郡北部にまで所領を拡大し、北奥羽で最大の所領を確定させた。これに連動して北羽では、②下国安藤氏が檜山郡、③湊安藤氏が秋田郡、④仙北では小野寺氏を中心に戸沢氏・六郷氏・本堂氏の四氏が所領を確定させた。

この動きは、周辺にいわば緩衝《かんしょう》地帯を創出した。⑤浅利《あさり》氏（甲斐《かい》国浅利氏の一族）が支配する陸奥国比内《ひない》郡は、南部領・安藤領の間。⑥北上盆地の陸奥国斯波《しば》郡・和賀郡・稗貫《ひえぬき》郡には、「斯波御所《ごしょ》」や「斯波卅三郷《さんじゅうさんごう》領主」（『蜷川親元日記』）と尊称された斯波氏（室町幕府管領斯波武衛《ぶえい》家の庶流《しょりゅう》）及び和賀氏・稗貫氏（小野姓中条《ちゅうじょう》氏）が、遠野《とおの》郡を治める遠野氏（下野《しもつけ》国阿曽沼《そぬま》氏一族）とともに、南部氏と南奥の葛西《かさい》氏との間。⑦出羽国由利《ゆり》郡には、一村規模の小領主を含む「由利十二頭《じゅうにとう》」（由利衆）が、湊安藤氏と南出羽の大宝寺《だいほうじ》氏との間。いずれも緩衝地帯的な位置を占めることで領域を維持した。

一五世紀後半、北奥羽では戦国期につながる領主の配置が、およそ七地区に編成された。

南部氏の「一家」と「戸」の領主

北奥で広大な所領を支配していた南部氏の拠点「糠部郡」は一国規模に相当し、これを構成する九つの「戸《へ》」、東西南北の「門《かど》」、宇曽利「郷」も広大で、それぞれが一郡規模に相当した。

戦国期の糠部郡内には「戸」を名字に付ける有力領主が六氏（一戸《いちのへ》・三戸《さんのへ》・四戸《しのへ》・七戸《しちのへ》・八《はち》戸《のへ》・九戸《くのへ》）おり、近年『「戸」の領主』と表現することが定着している。「戸」の領主は、名字の地である「戸」内の拠点に大規模な居城を構え、家来集団（「家風《かふう》」）を抱えていた。また、「一家《いっか》」とも称された「奥州ぬかのふなんふ（糠部南部）一族」（『米良《めら》文書』）を結成し、三戸氏をその「家《か》督《とく》」（惣領家《そうりようけ》）として推戴していた。

一六世紀後半、「家督」南部晴政《はるまさ》（三戸氏）の時期、糠部郡内では多数の武力紛争が発生した。永禄《えいろく》一〇年（一五六七）頃、四戸氏が隣領の八戸に進出して合戦に及び、八戸氏はその報復のため元亀《げんき》二年（一五七一）、四戸氏を攻撃し、敗北した四戸方から四戸・八戸の一部を接収した。永禄末期、南部晴政自身が有力一族の南《みなみ》氏・北《きた》氏と合戦に及んだ際、晴政は四戸・七戸・八戸の三氏に「合力《ごうりよく》」（援軍）を要請したが、八戸氏の仲裁により和睦《わぼく》（「無事《ぶじ》」）した。晴政は元亀三年頃、庶家《しよけ》田子《たつこ》氏から養嗣子に迎えながら廃嫡していた南部信直《のぶなお》とも対立し、七戸氏からは「無事」を提案され、また信直の要望で一戸氏が仲裁を行った。

この紛争事例は、「家督」三戸氏が「戸」の領主に対する軍事指揮権を保持していなかったことを示している。「戸」の領主の武力発動は私戦《しせん》ではなく権利（自力救済権《じりききゆうさい》）として認められており、地域の平和は三戸氏の力ではなく、「戸」の領主による仲裁によって維持されていた。また、百姓・下人《げにん》が他領に逃亡した際の「人返《ひとがえし》」（返還）規定は、戦国期の南部領内では定められていなかった。三戸氏が南部領全体の領土高権（裁判権）をもたず、「戸」の領主が排他的な領域権力、つまり国家を築き上げていたからである。

天正《てんしょう》一七年（一五八九）、当時の「家督」南部信直は、津軽鼻和《はなわ》郡を支配する一族大浦《おおうら》（津軽）為信《ためのぶ》の挙兵に遭遇する。信直は対処方法について糠部の「郡」全体、また「等輩中《とうはいちゆう》」（平等な集団）である「一家」全体で協議して決定したい、と八戸政栄《まさよし》のほか九戸政実《まさざね》・七戸家国《いえくに》に訴えた。

南部氏の「一家」とは、「戸」の領主の平等な連合体で、三戸氏の「家督」としての権限は、対外戦争の際にその「一家」全体の意思統一を行う場の主催者であった。また、他国の領主から領国全域を「貴郡《きぐん》」と呼ばれたように、「一家」という権力体が有する外交権の代表者であった。他地域の郡規模に匹敵する「戸」の領主の領域（国家）、この領域が複合国家的に結合する一国規模の「糠部郡」、そして同郡を本国《ほんごく》として複数の「郡」で構成される広大な領国「南部」。南部領国は、重層的な構造をとっていた。

†斯波御所と和賀・稗貫・遠野

戦国期の三戸氏当主について、近年紹介された『卜純句集《ぼくじゆんくしゆう》』などにより、信時《のぶとき》―信義《のぶよし》―政康《まさやす》―安信《やすのぶ》―晴政の実在と継承が確認され、晴政の次は信直が当主であったことも提言されている。

北奥の戦国の始期は、南部氏が応仁二年（一四六八）に仙北から徹退した後、長享《ちょうきょう》二年（一四八八）に津軽から下国安藤氏勢力を完全に排除し、領域を確定させた一五世紀末頃、南部信時の時期である。信時は、一族を津軽の外浜《そとのはま》・平賀郡・鼻和郡の郡代《ぐんだい》（城代《じょうだい》）として配置し、また久慈郡久慈氏には庶子を入嗣させて服属させ、閉伊郡には一戸氏の庶流を入れ、「郡」中心の支配を整えた。

南部晴政の時期の天文一四年（一五四五）、斯波郡の「斯波御所」が北進策をとり、南部領岩手郡不来方《こずかた》に侵攻して南部勢と合戦に及んだ。劣勢に立った斯波氏は、稗貫郡の稗貫輝家《てるいえ》の仲裁により停戦したが、以後元亀二年（一五七一）・天正一四年（一五八六）にも南部氏と合戦し、稗貫氏の仲裁を入れて領土を割譲しながら、領境を後退させていった。

元亀二年頃、伊達《だて》氏の軍勢が葛西領へ乱入した。この時、南部晴政のもとには「斯波・和賀・稗貫・遠野」及びその他の「隣郡《りんぐん》」が葛西氏の「合力」（援軍）のため出陣したという情報が入っていた。「隣郡」が敵方から攻撃を受けた場合、「郡」として支援するという安全保障体制が構築されており、「郡」は独立した国家として相互に認証されていた。斯波氏のための稗貫氏の紛争仲裁も、この安全保障体制の一環であろう。

稗貫氏の場合、戦国後期の当主は晴家《はるいえ》—輝家—広忠《ひろただ》であるが、晴家は葛西宗清《むねきよ》の次男、輝家は斯波氏の次男、広忠は和賀義治《よしはる》の次男を嗣子《しし》として迎えていた。稗貫・斯波・和賀の三氏は、北奥の南部氏から「郡」を防衛するため、南奥の葛西氏と同盟しながら、何世代にもわたり縁《えん》戚《せき》関係を築くことで「隣郡」関係（安全保障体制）を維持していた。

天正一六年、南部氏（南部信直）は斯波氏を滅ぼし、岩手郡南と斯波郡を手中に収めた。この直後、信直は葛西晴信《はるのぶ》と「遠野郡」について協議を始めたが、かつての「遠野保《ほ》」から「遠野郡」への変化は、「郡」の地域国家化を示すものであろう。当時、領主遠野家は「遠野錯乱《さくらん》」（家中騒動）にあり、遠野郡はやがて南部領に編入されていく。

†北羽の下国安藤氏・湊安藤氏

戦国期当初、下国・湊の両安藤氏のうち隆盛を極めていたのは、湊安藤氏である。出家して「鉄船庵《てつせんあん》」と号した安藤堯季《たかすえ》の時代である。しかし、堯季には男子がおらず、下国安藤舜季《きよすえ》の次男春季《はるすえ》を嗣子に迎えていたが、天文二〇年（一五五一）の堯季の死去前後に早世した。このため、湊安藤家では舜季の三男茂季《しげすえ》を当主に迎えたが、以後衰退期に入った。

なお、天文・永禄《えいろく》期、湊安藤氏の所領は他国の領主から「貴郡」のほか「貴州《きしゅう》」とも呼称されていた。「州」とは「国」の意であり、湊安藤氏の所領は国家と認識されていた。

下国安藤家では天文二二年、舜季が没し、愛季《ちかすえ》が家督を継いだ。同家は、この愛季の時期（永禄～元亀期）、湊安藤家に代わり隆盛期を迎え、急速に領土拡大を図った。愛季は、永禄五年（一五六二）、比内郡の浅利範祐《のりすけ》を攻撃して自害させ、その弟勝頼《かつより》を当主につけ、傀儡化、服属化を図った。同九年には、浅利氏、蠣崎《かきざき》氏、由利衆、これに内応させた南部領鹿角郡の大《お》湯《ゆ》氏・大里《おおさと》氏らを合わせ、同郡内の南部方城郭を攻撃して、糠部郡への侵入を図った。この「鹿角郡合戦」は三年間に及び、双方とも多数の死傷者を出し、同一一年、安藤方は撤退した。

元亀元年（一五七〇）、湊安藤家の家臣豊島《としま》氏らが主家に謀反《むほん》を起こして湊城を攻撃した。当主茂季の家督就任に抵抗したことが原因である。愛季は湊安藤氏へ援軍を派兵し、翌二年、豊島氏らを敗走させた。戦後、茂季は湊城から豊島城に移り、代わりに愛季が居城を檜山城から湊城に移して湊安藤氏の所領を併合し、下国・湊両安藤家の「一統《いっとう》」を実現させた。

†小野寺氏と由利十二頭

下国・湊両安藤家の「一統」には、仙北の小野寺氏が大きく関与した。元亀元年、対立を続けていた湊・豊島の双方から小野寺輝道《てるみち》に対し、「無事」（仲裁）の申し出があった。この時、豊島方からは講和条件として羽根川《はねかわ》の地などの返還要求を出した。これに対して安藤愛季は、これを拒否するとともに、数年間、同盟関係にあった小野寺輝道に対しては、その「扱《あつかい》」（仲裁）に偽りがないことを紙面でもって「近郡《きんぐん》」に公表してはどうかと猛抗議した。

羽根川は由利郡最北端の地、つまり湊安藤領秋田郡との境目《さかいめ》（領境）の地で、かつて豊島氏が勢力下に置いていたと考えられる。また、「由利十二頭」の一人で、小野寺氏に「奉公《ほうこう》」（服属）していた赤宇曽《あかうそ》（小介川《こすけがわ》）氏（羽根川氏の兄）が、仲裁時に羽根川の地を豊島氏に返還させようとする動きをとっていた。その一方、同じ「由利十二頭」の羽根川氏は、下国安藤氏に「奉公」していた。境目に住む小規模な領主（領域権力）が、安藤氏・小野寺氏ら有力な領域権力に服属するという状況が問題を複雑化させていた。結果は、元亀二年七月頃、小野寺方の仲裁により、下国安藤・豊島間で講和（「秋田一和《いっか》」）が実現した。

なお、この問題に、小野寺氏と連携するかたちで仲裁に割り込んできたのが、南出羽庄内《でわしょうない》の大宝寺義氏《よしうじ》であった。義氏は紛争時、服属（「忠信」）させていた鮎川《あいかわ》・仁賀保《にかほ》両氏（ともに由利十二頭）間の紛争を仲裁するとともに、従属下の「由利十二頭」矢島《やじま》・根井《ねい》両氏に対し、鮎川氏へ援軍を送るよう命じていた。上位者の仲裁とは、勢力の扶植・維持をも意味していた。

天正一〇年（一五八二）、北奥羽全域を巻き込む戦争が起こった。「由利十二頭」の赤宇曽氏が岩屋《いわや》氏の所領に出陣して「村郷放火《そんごうほうか》」「破城《はじょう》」を行い、これに対し大宝寺氏は「由利十二頭」打越《うてつ》氏による仲裁を期待したが成功しなかったため、赤宇曽氏を「逆徒《ぎゃくと》」と断じて出陣した。翌年、大宝寺氏は、南部氏に依頼して津軽の深浦《ふかうら》口から下国安藤領へ出撃させたが、安藤方はこれを撃退し、また赤宇曽図書介《ずしょのすけ》も岩屋で大宝寺勢を討ち取った。

「湊檜山両家合戦覚書《おぼえがき》」はこの合戦の原因を、大宝寺氏が「由利十二頭」を「同心《どうしん》」（服属）

させたことに対し、由利が大宝寺氏の「領《りよう》」になれば必ずや自分の「国」が危うくなると安藤愛季が考えたからだ、と記している。戦国期、「由利十二頭」それぞれの所領も「郡」と呼称され、彼ら小規模な領域権力は紛争を仲裁ではなく、近隣の有力領主への服属で解決する道を選択した。有力領主の領国（「国」）は、本国と小規模領主の「郡」による複合国家的な構成をとり、周辺に拡大していった。こうして戦域は一挙に北奥羽全体に拡大した。

†「仙北干戈」と仙北の領主

天正初年の北奥羽の争乱は、天正一一年（一五八三）三月に停戦したと考えられる。同月、大宝寺氏の重臣東禅寺《とうぜんじ》氏永《うじなが》（前森蔵人《まえもりくろうど》）が謀反を起こして当主義氏を自害させ、その弟義興《よしおき》を新たな家督に据えて大宝寺家の実権を掌握したことが背景として考えられる。

しかし、天正一五年、大宝寺義興は、勢力を拡大する最上義光《もがみよしあき》との合戦で降伏し、山形へ連行された。このため「由利十二頭」も降伏したが、義光は彼らを「赦免《しやめん》」して「出仕《しゆつし》」（謁見《えつけん》）を許可するとともに人質をとった。赦免・出仕・人質は、有力領主への服属儀礼である。

同年、安藤愛季も没した。当時、下国安藤氏は、仙北の戸沢領に出陣していたが、淀川《よどがわ》を戸沢氏に返還して和睦し、撤退した。また、紛争中であった南部氏とも和睦した。

この大宝寺・安藤両氏の勢力低下のなか仙北では、同年、六郷道行《みちゆき》が小野寺輝道に対し「逆《ぎや》意《くい》」（謀反）を起こして合戦に及んだ（「仙北干戈《かんか》」）。道行の「道」、また同じ仙北の本堂道親《みちちか》・戸沢道盛の「道」の一字は小野寺輝道が与えたものと考えられるため、彼らの小野寺氏への従属は確実である。六郷氏「逆意」の文言はこれに起因する。当初、仲裁（「無事」）は本堂道親らが行ったが成功せず、翌天正一六年、戸沢盛安《もりやす》（道盛の子）の仲裁により停戦が実現した。

戦国期、小野寺氏の所領（平鹿郡・雄勝郡）は「貴郡」「御郡」と呼称されており、「郡」は小野寺氏の国家として見なされていた。また、かつて仙北の郡は、山本・平鹿・雄勝の三郡であったが、戦国末期には戸沢領が「北浦《きたうら》郡」、本堂領・六郷領が「中《なか》郡」、小野寺領が「上浦《かみうら》郡」と呼称されるようになっていた。仙北自体は「仙郡《せんぐん》」（仙北郡）と呼称され、その中心に小野寺氏が位置づけられていた。仙北四氏の領域権力化が「郡」の再編成をもたらすとともに、小野寺氏が六郷・本堂・戸沢らを従属させていくことで、彼らの「郡」（国家）を含む複合国家として「仙郡」が創出されていった可能性がある。

✝北奥羽戦国最後の戦争

天正一五年（一五八七）の安藤愛季没後、北奥羽各地で講和が結ばれた、しかし、この講和はわずか一年で破られ、北奥羽はほぼすべての領主を巻き込む戦国末期最大の戦争に突入する。天正一六年、戸沢道盛が下国安藤領秋田へ侵攻し、南部信直も同領比内郡を奪取した。翌一七年二月には、下国安藤氏の従属下にあった湊安藤通季《みちすえ》（茂季の子）が戸沢氏と連携して挙兵し、新たな当主安藤実季《さねすえ》を檜山城に追い、居城男鹿《おが》城を占拠した。「湊合戦」（湊騒動）と称されるこの紛争は、若年実季（一三歳）の家督就任直後であることと、目的が居城の占拠であったことから、下国安藤家の家督簒奪《さんだつ》を目的とした内戦であった。通季は、南部氏の行動を見ながら、下国安藤家を敵視する戸沢氏と周辺の「郡主《ぐんしゅ》」「館主」からの援軍を外交によって引き出し、包囲網を形成することで緒戦を優勢に進めた。

しかし、「扱」（仲裁）に入った赤宇曽氏の意を受けて安藤実季が派遣した講和の使者を湊通季が殺害したことで、戦況は転換する。激怒した赤宇曽氏は、天正一六年に最上義光から由利を奪還して由利衆を「ヨリキ《（与力）》」（従属下の領主）としていた越後《えちご》国本庄繁長《ほんじょうしげなが》の支持を得て実季の「後詰《ごづめ》」（敵の後方からの攻撃）を行い、翌一七年八月頃、戸沢・湊安藤両勢を撤退させた。ここに湊合戦は終わった。

なお、湊合戦が起こった天正一七年二月頃、南部氏の一族大浦為信も津軽で挙兵していた。大浦氏は翌一八年二月頃、下国安藤氏に援軍を出して比内郡奪還に協力するとともに、同氏からも援軍を得て津軽田舎《いなか》郡浪岡《なみおか》城を攻略し、南部氏からの独立を実現した。この独立は、西の下国安藤氏、南部信直に対する「叛逆《はんぎゃく》」の姿勢を顕在させていた南の九戸政実、北の七戸家国を反三戸南部氏勢力として結集し、その孤立化を図る為信主導の外交によるものであった。

†北奥羽の戦国世界と「郡主」

戦国期の北奥羽では、独立した領主（領域権力）の支配地は一般的に「郡」と呼称され、国家として存立していた。南部領の場合、「戸」の領主が支配する一郡規模の「戸」がこの「郡」に相当する。また、南部氏・小野寺氏・下国安藤氏のように複数の「郡」を統合した場合も、その支配地域は「郡」と呼称されていた。近年の戦国期研究を参考にすれば、「本国」を含む「惣国《そうごく》」という用語があてはまるであろう。

戦国期の北奥羽の政治秩序を考える際の重要な言葉は、「郡」である。江戸初期ではあるが、南部氏は自らを「郡主」と呼び、江戸前期編纂の「湊檜山両家合戦覚書」は、戸沢氏を含む戦国末期北羽の領主らを「郡主」と記していた。戦国期の北奥羽において、「郡」という国家を支配していた領域権力の政治秩序上の身分を「郡主」と呼ぶことができる。

この「郡主」らが自立して築き上げていた戦国期の「北奥羽」の平和秩序は、天正後期、地域の武力紛争を強制的に停止させ、京都に出仕させた上で領土紛争の裁定を下す豊臣秀吉《とよとみひでよし》の「惣無事《そうぶじ》」と「奥羽仕置《しおき》」によって解体されていくことになる。

参考文献

石母田正「解説」『日本思想大系21　中世政治社会思想　上』岩波書店、一九七二年
伊藤喜良「国人の連合と角逐の時代」小林清治・大石直正編『中世奥羽の世界』東京大学出版会、一九七八年
小林清治「大名権力の形成」小林清治・大石直正編『中世奥羽の世界』東京大学出版会、一九七八年
藤木久志「中世奥羽の終末」小林清治・大石直正編『中世奥羽の世界』東京大学出版会、一九七八年
藤木久志『豊臣平和令と戦国社会』東京大学出版会、一九八五年
石井紫郎『日本国制史研究Ⅱ　日本人の国家生活』東京大学出版会、一九八六年
遠藤巖「北奥羽の戦乱——南部氏と安藤氏と津軽氏と」『戦乱の日本史［合戦と人物］第8巻　戦国の群雄〈西国・奥羽〉』第一法規出版、一九八八年
黒田基樹『戦国大名と外様国衆』文献出版、一九九七年
矢田俊文『日本中世戦国期権力構造の研究』塙書房、一九九八年
小林清治『奥羽仕置と豊臣政権』吉川弘文館、二〇〇三年
菅野文夫「戦国期糠部の一断面」細井計編『東北史を読み直す』吉川弘文館、二〇〇六年
金子拓「戦国時代の横手盆地」『横手市史　通史編　原始・古代・中世』横手市、二〇〇八年
丸島和洋『戦国大名の「外交」』講談社、二〇一三年
黒田基樹『戦国大名　政策・統治・戦争』平凡社、二〇一四年
村井良介『戦国大名論　暴力と法と権力』講談社、二〇一五年
金子拓「最上氏と出羽の領主」遠藤ゆり子編『東北の中世史4　伊達氏と戦国争乱』吉川弘文館、二〇一五年

熊谷隆次「北奥の戦国争乱」遠藤ゆり子編『東北の中世史4　伊達氏と戦国争乱』吉川弘文館、二〇一五年
古谷大輔・近藤和彦編『礫岩のようなヨーロッパ』山川出版社、二〇一六年
斉藤利男「『南部屋形』三戸南部氏の歴史を探る――誕生から戦国大名へ」斉藤利男編著『戦国大名南部氏の一族と城館』戎光祥出版、二〇二一年
熊谷隆次「戦国末期南部信直権力と外交――南慶儀・楢山義実を中心に」斉藤利男編著『戦国大名南部氏の一族と城館』戎光祥出版、二〇二一年
熊谷隆次・滝尻侑貴・布施和洋・柴田知二・野田尚志・船場昌子編『戦国の北奥羽南部氏』デーリー東北新聞社、二〇二一年

第11講

〔特論〕北と南の辺境史

鈴木拓也

日本の古代国家は、未だ国家の直接支配に組み込まれていない列島周縁部の人々を、蝦夷・隼人などと呼び、彼らとその居住地域に対する諸政策を展開した。東北の蝦夷と南九州の隼人を一括して夷狄《いてき》と捉えることには、近年では疑義が提示されており（伊藤・二〇一六）、夷狄という概念そのものを否定する意見もあるが（大高・二〇一三）、個々に処遇が異なる蝦夷・隼人を包摂する上位の法的身分概念として夷狄を位置づける見解もある（渡邊・二〇二〇）。

律令国家が辺境の民を公民と異なる概念で捉え、異なる支配方式をとったことは事実であり、夷狄という概念は、多少の問題はあるにせよ、今なお有効と考える（鈴木・二〇一五）。蝦夷と隼人には共通点よりも相違点が多いこともまた事実であるが、両者の比較検討が研究の方法として有効であることは疑いない。蝦夷については本書の他の章で詳述されているので、ここでは隼人と比較することで、北と南の辺境史について概観していきたい。なお、蝦夷という表記は歴史的な所産であり、他に俘囚・夷俘など多様な呼称がある。そのため先行研究では、包括的な表記としてエミシと仮名書きする場合があるが、隼人の呼称には変化がなく、漢字で表記することが多い。本講では一般的な漢字表記である蝦夷・隼人を用いることとする。

†蝦夷・隼人の成立

蝦夷・隼人の概念はいつからあるのか。熊谷公男は、『日本書紀』敏達一〇年（五八一）閏二月条における蝦夷の族長綾糟《あやかす》の服属儀礼が、三輪山の神を媒介として行われており、七世紀以降の服属儀礼と異なること、したがってそれは事実を踏まえているとみられることから、六世紀半ば頃に蝦夷概念が成立すると推定した（熊谷・二〇一九）。エミシの表記には「毛人」から「蝦夷」への変遷があるが（本書第1講参照）、エミシという概念自体は六世紀にさかのぼるのである。これに対して隼人の成立は、中村明蔵・永山修一・原口耕一郎らによって天武朝（六七二〜六八六）とみるのが通説となっており、それ以前の記紀にみられる「隼人」の記述は、すべて文飾であるとされている（中村・一九九三、永山・二〇〇九、原口・二〇一八）。

これが事実であるならば、蝦夷と隼人の成立には百年以上の時期差があったことになるが、隼人天武朝成立説には批判もある。菊池達也は、大化前代の隼人関係記事には記紀編纂以前の古い様相が残されており、隼人の呼称も大化前代にさかのぼると推定する（菊池・二〇一七）。伊藤循は、『唐会要』巻九九倭国条に、永徽《えいき》五年（六五四）の遣唐使の言として、「倭国の東海嶼中の野人に、耶古《やく》（屋久島）・波耶《はや》（隼人）・多尼《たね》（種子島）三国あり、皆附庸す」とあることから、天武朝以前の隼人の記事には歴史的実態があったと指摘する（伊藤・二〇一六）。これを承けて熊谷公男は、隼人概念は七世紀半ばまでさかのぼることは確実であり、蝦夷概念との関係から、六世紀までさかのぼる可能性もあると指摘している（熊谷・二〇一九）。これに対して永山修一は、「波耶」は遺称地不詳の地名であり、通説的理解を改める必要はなく、天武朝における隼人の成立は、白村江の敗戦以後の軍国体制から平時体制に移行する「天武一〇年の転換」（吉川・二〇一一）の一環であると意義づけて、通説を補強している（永山・二〇二二）。

また通説では、天武一一年（六八二）七月の隼人の朝貢を最初の朝貢と位置づけ、それ以前の朝貢記事を造作として否定する。しかし『日本書紀』斉明元年（六五五）是歳条に蝦夷・隼人の同時朝貢の記事があり、蝦夷の朝貢が他の記事から確認できるので、隼人の朝貢を造作とすることはできず、隼人の朝貢も七世紀半ばまでさかのぼるとみてよい（熊谷・二〇一九）。

†蝦夷・隼人と征討

蝦夷征討（征夷）は、和銅二年（七〇九）の出羽方面の征討が最初であり、養老四年（七二〇）の陸奥蝦夷の大反乱に対する征討から本格化する。計画だけで終わったもの、城柵造営等に伴う軍事行動も含めると、九世紀初頭まで一七回程度を数える。征夷の後には、しばしば降伏した蝦夷が俘囚として諸国に移配されている。その目的については議論があるが、本来は征夷の延長にある同化政策とみるべきである(鈴木・二〇〇八)。隼人の移配が、天武朝までに畿内を中心に行われ、その目的が王権への奉仕であったことと大きく異なる。

隼人に対する征討は、文武四年(七〇〇)、大宝二年(七〇二)、和銅六年、養老四年の計四回であり、八世紀初頭に集中している(永山・二〇〇九)。

大宝二年の隼人征討は、同年八月に薩摩と多褹《たね》(種子島)に対して行われたもので、その結果として戸籍の作成と官吏の設置が行われ、薩摩国と多褹島が成立する。和銅六年の隼人征討については、同年七月に「討隼賊将軍ならびに士卒ら」の有功者に対する叙勲が見えるのみで、詳細は不明であるが、同年四月の大隅国の建国に伴う征討と考えられている。薩摩国・大隅国の建国に伴って、いずれも隼人征討が行われていることになるが、ほぼ同じ頃、和銅二年に越後国出羽郡の周辺で征夷が行われ、和銅五年に出羽国が建国されている。

養老四年の隼人征討は、同年二月に隼人が反して大隅国守を殺害するという、軍事衝突に端を発する征討である。朝廷は直ちに大伴旅人を征隼人持節大将軍とする征討使を派遣したが、征討がまだ終わらないうちに、同年九月に陸奥で蝦夷が反乱を起こし、按察使《あぜち》を殺害した。蝦夷が隼人の反乱に呼応して蜂起したとは考えがたく、そのころ南北の辺境で行われていた支配拡大政策が、同じような結果をもたらしたということであろう(鈴木・二〇〇八)。

しかし、養老四年の反乱が持つ歴史的意味は、南北において全く異なっていた。蝦夷の反乱は養老四年が事実上最初であり、その後も蝦夷との軍事的衝突は九世紀初頭まで続く。一方、隼人の反乱および征討は、養老四年が最後である。これ以後の隼人政策は、天平二年（七三〇）三月に大隅・薩摩両国において班田制の実施を見送ったことを除けば、後述する朝貢を含めて概ね順調であった。

記紀では、隼人が王権に服属するようになった経緯を説明する海幸山幸神話を含めて、隼人は王権に服属する従順な存在として描かれている。原口耕一郎によれば、これは記紀編纂の頃に、現実に隼人征討が行われていたことに対応するという（原口・二〇一八）。

†蝦夷・隼人と城柵

蝦夷の居住地域に国家が設置した城柵は、文献に見えるものだけでも二〇数カ所を数え、渟足《ぬたり》柵・磐舟《いわふね》柵・出羽柵・多賀柵・新田柵・牡鹿《おしか》柵・色麻《しかま》柵・桃生《ものう》城・雄勝城・伊治《これはり》城・秋田城・胆沢《いさわ》城・志波《しわ》城・徳丹《とくたん》城など、具体的な名称も伝わっている。今泉隆雄が明らかにしたように、城柵は蝦夷支配の拠点であり、蝦夷に対して朝貢や俘軍などの力役を課すとともに、「饗給」（養老律令・職員令《しきいんりよう》大国条）という蝦夷に対する饗宴と食料・禄物の支給を行う場でもあった。国府でない城柵も国府型の政庁を持つのは、介以下の国司が城司として城柵に駐在することに対応する。また坂東・北陸などから柵戸といわれる移民を移住させ、それをもとに郡・

郷を編成し、辺境に律令制支配の楔を打ち込んだ。城柵は蝦夷にとって攻撃の対象にもなり得るため、全体を築地塀・材木塀などの外郭区画施設で囲み、その守衛のために、陸奥・出羽の中南部から軍団兵士が、坂東から鎮兵が派遣された（今泉・二〇一五）。実際に桃生城・伊治城・多賀城・秋田城などは、蝦夷の攻撃を受けて炎上したことがある。

隼人の居住地域にも国家によって城柵が置かれ、柵戸も移配され、守備兵も置かれた。しかし具体的な名称は一つも伝えられておらず、考古学的に把握されているものも存在しない。南九州の柵および柵戸を直接示す史料は二件しかなく、「唱更国」（後の薩摩国）の「要害の地」に「柵を建て戍《じゆ》（守備兵）を置」いたとする『続日本紀《しよくにほんぎ》』大宝二年一〇月丁酉条と、日向・大隅・薩摩三国の柵戸の調庸を免除するという同書天平神護二年（七六六）六月丁亥条のみである。隼人を「勧導」するために「豊前国の民二百戸」を移したという同書和銅七年三月壬寅条もこれに加えることができ、この結果大隅国桑原郡豊国郷が成立したと考えられている。なお、文武三年一二月に大宰府に対して修理が命じられた「三野・稲積の二城」を、それぞれ日向・大隅の城とする説が有力であるが、隼人支配の拠点は八世紀前半までの東北城柵と同じく「柵」と表記されるので、九州北部に築かれた対外防衛用の山城とみるべきであろう。

†蝦夷の朝貢と服属儀礼

隼人の朝貢と服属儀礼について理解するために、ここでは蝦夷の朝貢と服属儀礼について、今泉隆雄・熊谷公男の研究に拠りつつ、簡単に整理しておく。

蝦夷の朝貢には、城柵などの地方官衙《かんが》に対する朝貢と、上京朝貢がある。斉明五年の遣唐使は、陸奥の蝦夷の男女を帯同して唐の皇帝に示し、「歳ごとに本国の朝に入貢す」と説明しているので(『日本書紀』同年七月戊寅条所引伊吉連博徳書《いきのむらじはかとこ》)、蝦夷は当時から毎年上京朝貢する原則があったとみてよい。七世紀後半には、王宮・飛鳥寺の西の広場などで蝦夷の朝貢と服属儀礼が執り行われた。須弥山《しゅみせん》(仏教で宇宙の中心にあるとされる山)などを媒介にして天皇に服属を誓約しており、飛鳥の石神遺跡は、それに関わる遺跡と考えられている。

大宝元年に大宝律令が施行されると、蝦夷の服属儀礼は毎年正月に行われる元日朝賀に組み込まれ、蝦夷は天皇に対して直接服属を誓約するようになる。蝦夷は毎年正月前に上京して官人とともに朝堂院での元日朝賀に参加し、さらにその後の正月節会にも参加して、饗宴や禄の支給、叙位に預かった(今泉・二〇一五)。元日朝賀に参列することに最大の意味があり、白馬《あおうま》・踏歌などの節会への参加は、王権側の返礼の一形態であった(熊谷・二〇一三)。

蝦夷が元日朝賀および正月節会に参加した記事は、和銅三年・霊亀元年(七一五)と、神護景雲三年(七六九)〜宝亀五年(七七四)に遍在するが、宝亀五年正月二〇日にあえて「蝦夷・俘囚の入朝を停《とど》む」という詔が出されていることからみて、宝亀五年までは毎年実施するのが原則であり、たまたまこれらの記事が『続日本紀』に収録されたとみるべきである。宝亀五年以後、蝦夷の上京朝貢は行われなくなり、地方官衙朝貢に一本化される（今泉・二〇一五）。その直接的な理由は、同年七月に海道蝦夷が桃生城を攻撃し、三十八年戦争が始まるので、現地の治安の悪化であろうが、天皇が諸蕃《しょばん》（新羅・渤海《ぼっかい》）や夷狄までも支配する君主であろうとする小帝国主義に基づく蝦夷の朝貢が停止されたことに本質的な意味があった（熊谷・二〇一三）。律令国家の支配の拡大と、それに対する蝦夷の抵抗というせめぎ合いの中で、律令国家は蝦夷を華夷秩序の枠組みで支配することを放棄したのである（河内・二〇二二）。

†畿内隼人と朝貢隼人・今来隼人

隼人は一部が畿内とその周辺に移住させられ、王宮に奉仕した。畿内とその周辺に移住した隼人を、『延喜式』隼人司式では畿内隼人と呼んでいる。畿内隼人は、隼人司に交替で勤務して、歌舞の教習、竹製品（竹笠・竹扇・籠など）・油絹（油を塗って防水加工した絹）の製作などに従事した。これらの隼人を『延喜式』では番上隼人・作手隼人と呼ぶ。移住の時期は、天武一三年の八色《やくさ》の姓《かばね》で大隅直《おおすみのあたい》氏に忌寸《いみき》姓が賜与されていることから、天武朝とするのが通説であるが、それ以前にさかのぼる可能性が高い（熊谷・二〇一九）。

隼人には、六年に一度、南九州から朝貢する隼人があった。これを今来隼人《いまきのはやと》と呼ぶのが一般的であるが、後述のように、『延喜式』の今来隼人は、隼人の朝貢が停止された延暦二四年（八〇五）に、最後に朝貢した隼人の一部を畿内に抑留することによって成立するので、ここでは朝貢隼人と呼んでおく。隼人は朝貢の際に調物の貢進、風俗歌舞の奏上などを行い、そのまま六年間在京して、儀式や行幸で吠声《はいせい》を発した。南九州から来て間もない彼らには邪霊を払う力があるとされ、呪力によって天皇を守護したのである（中村・一九九三）。

『延喜式』隼人司式では、今来隼人が吠声を発する場面として、元日朝賀（元日に大極殿《だいごくでん》に出御した天皇を百官が拝礼する儀式）・即位儀・践祚《せんそ》大嘗祭《だいじょうさい》・行幸・御薪《みかまぎ》進上儀を挙げる。このうち元日朝賀・即位儀では、隼人司の官人が大衣《おおきぬ》二人（吠声を指導する隼人で、畿内隼人の譜第の家から、大隅・阿多各一人が任命される）・番上隼人二〇人・今来隼人二〇人・白丁隼人一三二人を率いて、まず朝堂院の南門である応天門の外に、左右に陣を分けて待機する。そして群官が応天門から入場する時、隼人は一斉に胡床《こしょう》（折りたたみ式の一人用の倚子《いし》）から立ち上がり、今来隼人だけが吠声を三節発する。その際、今来隼人と全く同じ装束の白丁隼人は、一緒に立ち上がるだけで、吠声を発しない。かつての朝貢隼人が二〇〇人〜三〇〇人いたのに対して、今来隼人は二〇人しかいないため、一三二人の白丁隼人で人数を揃え、今来隼人と同じ緋色の肩巾《ひれ》をまとわせて、かつての朝貢隼人を視覚的に再現したのである（鈴木・二〇〇七）。蕃客《ばんきゃく》入朝儀（外国の使節が朝廷に参入する儀式）では、今来隼人は吠声を発しないことになっているが、これは九世紀になってからできた規定とみられ、八世紀には外国の使節にも隼人が吠声を発する様子を見せ、天皇の有徳を誇示していた可能性が高い（渡邊・二〇二〇）。

†隼人と元日朝賀

元日朝賀への関わり方は、蝦夷と隼人で大きく異なっていた。隼人が元日朝賀に参加したのは、和銅三年の元日が唯一である。『続日本紀』同年正月壬子朔条には、「天皇、大極殿に御して朝を受く。隼人・蝦夷等、また列にあり」と明記され、隼人は蝦夷とともに、将軍に率いられて朱雀門から朝堂院に行進し、朝賀に参加した。隼人が朝堂院で行われる元日朝賀そのものに参列したということは、その正門（のちの応天門）の外で発せられる儀式開始時の吠声を、この時には発していなかったことになる（熊谷・二〇一九）。

では、いつから隼人は元日朝賀に参列しなくなり、朝賀開始時に吠声を発するようになるのであろうか。隼人の在京勤務が六年間に確定したのは霊亀二年のことで、大宰府が「薩摩・大隅二国の貢ずる隼人、已《すで》に八歳を経たり。（略）請ふらくは六年を限りて相替へむことを」と申請して許されている（『続日本紀』同年五月辛卯条）。菊池達也は、霊亀二年に朝貢隼人の六年相替制が成立したことに注目し、この頃に隼人の在京勤務が制度化され、その結果として隼人が元日朝賀に参列しなくなると推定している（菊池・二〇一七）。

熊谷公男は菊池説を承けて、隼人が儀式開始時に吠声を発するのは霊亀二年前後より後のことで、それ以前の隼人は、王宮や皇子宮を昼夜問わず吠声で警固する「昼夜の守護人」（『古事記』）であったと推測した。その根拠は、『万葉集』の「隼人《はやひと》の名に負ふ夜声いちしろくわが名は告《の》りつ妻と頼ませ」という歌である（巻一一―二四九七番歌）。『延喜式』では隼人が夜間に吠声を発する場面はなく、これは律令制以前の隼人が、王宮や皇子宮で昼夜を問わず吠声を発したことを踏まえた歌であるという（熊谷・二〇一九）。

熊谷説は貴重な新知見と言うべきであるが、霊亀二年の六年相替制の評価については再検討の余地がある。隼人の朝貢には天武一一年から六年相替の慣例があったとする説もあるからである（今泉・二〇一五、永山・二〇一二）。また『続日本紀』では、和銅三年に続いて元日朝賀の記事があるのは五年後の霊亀元年で、それには「陸奥・出羽の蝦夷ならびに南嶋の奄美・夜《や》久《く》・度《と》感《かん》・信《し》覚《がく》・球《く》美《み》等、来朝しておのおの方物を貢ぐ」とある。蝦夷と南嶋が朝賀に参列しており、隼人は参列していない。熊谷説は霊亀元年の元日朝賀に言及していないが、隼人が朝賀開始時に吠声を発するようになるのは、霊亀元年からとみてよいであろう（この時の朝賀には前年末に入京した新羅使も参列した可能性があるが、先述のように、蕃客の前で吠声を控えるのは九世紀以後とみられる）。

和銅三年から霊亀元年までに起きた大きな変化といえば、平城遷都を措いて他にない。藤原京から平城京への遷都は、和銅三年三月であるが、同年の元日朝賀の場所は、前年一二月に元明天皇が平城宮に行幸した記事があるため、藤原宮か平城宮かで議論があった。しかし二〇〇二年の平城宮中央区大極殿院の発掘調査で、大極殿院南面回廊基壇の下の整地土から、和銅三年の年紀を持つ木簡が出土したことにより、和銅三年当時は平城宮の大極殿院は未完成で、同年の元日朝賀は藤原宮で行われたことが確定した。そして四年の空白を経て霊亀元年に元日朝賀の記事があるのは、この直前に平城宮の大極殿が、朝堂・朱雀門とともにようやく完成したからで、この時の朝賀が平城宮大極殿の〝お披露目式〟であったという（渡辺・二〇一〇）。

隼人が元日朝賀など儀式の直前に吠声を発するようになるのは、平城宮大極殿の完成に伴う儀式の整備とみてよいであろう。平城宮の大極殿は、長安城の大明宮含元殿を模して、龍尾壇の上に屹立し、百官が列立できる広大な殿庭を持つ（村元・二〇一二）。野俗性に富んだ隼人の吠声とともに、朝堂院・大極殿院に入った官人たちは、天皇の権威を否応なしに感じたに違いない。同じ霊亀元年の九月には、元明天皇から元正天皇への譲位が行われており、隼人が即位儀や践祚大嘗祭で吠声を発するのも、元正天皇の即位から始まった可能性があろう。

では元日朝賀そのものに参列しなくなった隼人が夷狄でなくなったのかと言えば、決してそうではない。霊亀二年の六年相替制以後も、隼人の朝貢は「朝貢」と表記されており、風俗歌舞の奏上や方物の貢進も行われた。隼人による風俗歌舞の奏上は、海幸山幸神話を踏まえ、隼人の服属を再確認する儀礼で、養老元年四月から『続日本紀』に見える。その場所は知り得る限り朝堂院であり、天皇の出御のもと、多数の官人の前で披露されたはずである。在京勤務の交替に伴って、王権に対する服属儀礼が繰り返し行われるのは隼人だけであり、やはり夷狄とみるのがよいのではなかろうか。蝦夷の朝賀参列も宝亀五年で終わっているが、蝦夷はその後も夷狄であり、朝賀参列の有無は夷狄か否かの決定的な指標にはならないと思われる。

†律令国家転換期の蝦夷と隼人

本来、上京朝貢は夷狄が天皇の徳を慕って行う服属儀礼とみなされ、天皇の徳の高さと広がりを可視的に表現するものであった。宝亀五年に蝦夷の上京朝貢が停止されるとともに、三十八年戦争が開始されたことは、蝦夷が専ら制圧の対象として位置づけられたことを意味する。三十八年戦争は、胆沢を主な対象とする桓武朝の三度の征夷（延暦八年、一三年、二〇年）を経て、弘仁二年（八一一）に文室綿麻呂《ふんやのわたまろ》の征夷によって終結する。新たな城柵の設置も弘仁三年とみられる徳丹城の設置（志波城の移転）で終わっており、これ以後の国家は、支配拡大政策を放棄して、現状維持に方針を転換する。

同じ頃、隼人政策にも大きな変化があった。隼人の朝貢は、延暦二〇年六月に停止が決定され、延暦二四年正月に、最後の朝貢隼人が南九州に帰郷する。これは延暦一九年一二月に実施された大隅・薩摩両国における班田制の施行と密接な関係があるとされている。班田制の適用は、隼人に対する律令制負担の完全適用を意味し、これによって南九州の隼人が消滅したため、朝貢という服属儀礼も廃止されたと考えられている。隼人の上京朝貢が停止された後の隼人司および隼人は、南九州と切り離された状態で存続しつつ、天皇を守護し、その権威を飾る役割を担った（永山・二〇〇九）。

その際、朝貢隼人の役割を大幅に縮小した形で継承したのが、『延喜式』隼人司式に見える今来隼人であった。今来隼人は吠声を発するが、二〇人しかおらず、しかも畿内に定住していた。延暦二四年に最後の朝貢隼人を大隅・薩摩に帰らせる際に、その一部（男女各二〇人程度か）が畿内に抑留され、引き続き吠声などを以て王権に奉仕することが求められたとみられる。その第一世代の今来隼人には、手厚い時服・米・塩の支給があったが（隼人司式今来時服条）、欠員が生じた場合、男に限って二〇人まで畿内隼人で補充し、衛士と同等の処遇をする規定があり（同死亡条）、これは大同四年（八〇九）正月七日太政官符（『類聚三代格』巻四）によって成立したことが判明している（鈴木・二〇〇七）。

このような制度改変を行えば、今来隼人が近い将来にすべて畿内隼人に置き換わってしまうことは容易に予想できる。この段階で隼人の呪力に対する王権の期待が弱まっていたことは確かであるが、完全に形骸化していたとまでは言えないであろう。朝貢の停止と同時に、朝貢隼人の役割を、すべて畿内隼人に置き換えることも可能なのに、朝貢隼人の一部を畿内に残したからである。中国的な儀式を志向しつつも、呪力を持った隼人による王権守護を直ちに全廃することに、王権側が不安を持っていたのであろう。平安初期の王権は、今来隼人が朝貢隼人から畿内隼人にすべて置き換わるまでに、隼人の奉仕について体制を整えておく必要があった。その結果として後にまとめられたのが、『延喜式』隼人式だったのではないだろうか。

参考文献

伊藤　循『古代天皇制と辺境』同成社、二〇一六年
今泉隆雄『古代国家の東北辺境支配』吉川弘文館、二〇一五年
大高広和「大宝律令の制定と「蕃」「夷」」『史学雑誌』一二二─一二、二〇一三年
河内春人「エミシと畿内の儀礼」広瀬和雄他編『講座　畿内の古代学Ⅳ　軍事と対外交渉』雄山閣、二〇二二年
菊池達也『律令国家の隼人支配』同成社、二〇一七年
熊谷公男「節会に参加する蝦夷」『講座　東北の歴史　第三巻　境界と自他の認識』清文堂、二〇一三年
熊谷公男「蝦夷・隼人と王権──隼人の奉仕形態を中心にして」仁藤敦史編『古代王権の史実と虚構』竹林舎、二〇一九年
鈴木拓也「律令国家転換期の王権と隼人政策」『国立歴史民俗博物館研究報告』一三四、二〇〇七年
鈴木拓也『戦争の日本史3　蝦夷と東北戦争』吉川弘文館、二〇〇八年

鈴木拓也「律令国家と夷狄」『岩波講座日本歴史5　古代5』岩波書店、二〇一五年
中村明蔵『隼人と律令国家』名著出版、一九九三年
永山修一『隼人と古代日本』同成社、二〇〇九年
永山修一「天平十五年の隼人の朝貢をめぐって」鈴木靖民編『日本古代の地域社会と周縁』吉川弘文館、二〇一二年
永山修一「隼人と服属儀礼」広瀬和雄他編『講座畿内の古代学Ⅳ　軍事と対外交渉』雄山閣、二〇二二年
原口耕一郎『隼人と日本書紀』同成社、二〇一八年
村元健一『日本古代宮都と中国都城』同成社、二〇二二年
吉川真司『飛鳥の都』岩波新書、二〇一一年
渡辺晃宏『平城京一三〇〇年「全検証」』柏書房、二〇一〇年
渡邊　誠「日本律令国家における夷狄身分の解体」『史学研究』三〇五、二〇二〇年

第12講 〔特論〕災害と社会の歩み

吉野 武

†災害の記憶と記録

東日本大震災から一〇年余、その記憶はいまだ生々しく、爪痕もなお各地に残る。その一方で現在の小学生に震災の記憶はなく、中学・高校生でも直接の被災者でなければ、当時は強い衝撃を受けても今は幼少時の朧気な記憶になりつつあるかもしれない。筆者も今までマグニチュード七（M七）以上の地震に五、六回遭遇したが、中学校入学時の宮城県沖地震は断片的な情景による遠い記憶になっている。温暖で四季がそろった日本は自然の恵み豊かな国だが、自然はしばしば牙を剝き、地震や津波、洪水、噴火、干魃、疫病などの災厄として人々の生活を引き裂く。昔から日本は多くの災害にみまわれてきた。しかし、その苦難を乗り越えてきたことで現在がある。したがって、過去の災害の実態や災害に対する人々の動向・対応、社会の様子についてみることは、現代および未来の私達への警鐘や教訓となる。

本論で扱う中世以前の東北地方の災害に関する記録史料は少ない。一方、近年では考古学的な発掘調査や理科学的な調査・分析によって、史料では確認できない時代の災害や人々の生活の様子もわかるようになってきた。発掘調査では地震に伴う地割れや噴砂・津波をはじめ、洪水、噴火による降灰や土石流、地滑りなどの跡がみつかっている。これらは大地に刻まれた災害の痕跡であり、土層の観察・記録によって把握され、採取した土などの科学的な分析をとおして災害が起きた年代や季節などが捉えられることもある。また、まわりの遺構や遺跡の様子から災害の規模や人々の暮らしぶりなどもうかがわれる。例えば、松島湾の宮戸島は発掘・ボーリング調査の結果、縄文時代に四〜五回、弥生時代と古墳時代に一回ずつ、ほぼ四〇〇〜五〇〇年の周期で津波に襲われていた。そのせいか人々は高台に集落を営み、海辺では魚介類の採取や貝剝き、塩作りなどに励む職住分離の生活を送っていた。

とはいえ、災害時における具体的な人々の動向や被災状況、被災後の対処や復興の様子、社会の変化などをみるには記録史料も有効である。災害は様々な分野からの検証・補完により解明されるのが望ましい。本講では筆者の専門性にもとづいて主に史料からみていく。中世以前の史料は必ずしも多くないが、古代の九世紀については『日本書紀』に始まる六国史のうち後半の『続日本後紀』『日本文徳天皇実録』『日本三代実録』が比較的よく残り、災害についてもある程度まとまって把握できる。実際、この頃は災害が多く、地質学者の石橋克彦氏の著書名を借りれば大地動乱の時代であった（石橋・一九九四）。東北地方では地震と噴火が目立つ。以下では、津波も含めて地震を中心にみていきたい。

†九世紀における大地震と津波

地震は出羽国で天長七年（八三〇）に秋田地震（M七〜七・五）、嘉祥三年（八五〇）に庄内地震（M七）、そして貞観一一年（八六九）には東日本大震災で知られた貞観地震（M八・三）が陸奥国で発生している。このうち秋田地震では秋田城に勤務していた出羽介が当日夕方に地震発生と被災状況などを庄内地方の国府（山形県酒田市城輪柵跡）に伝えた文書を主体とする詳細な記事が『続日本後紀』に収載されている。発生時刻から被害の概要、被災者や余震の様子、当日の天候まで書かれた生々しい記事である。対して『日本文徳天皇実録』の庄内地震の記事は、出羽国の言上を短い抄文で載せるだけで素っ気ない。ただ、その後の対応を命じた詔や三七年後の仁和三年（八八七）における国府移転問題の記事にみえる同地震の記載からある程度補足できる。一方『日本三代実録』が載せる貞観地震の記事は比較的詳しいが、陸奥国からの第一報とみるか、編纂時の成文とみるか、発生時刻、陸奥国府多賀城の城下の範囲などをめぐって議論がある。筆者は編纂時の成文とする鈴木琢郎説が妥当であり、発生時刻は明け方、城下は多賀城が城柵として管する範囲、また、記事は地震当時の複数の史料による成文で、おおむね信頼できる内容とみている。

これらの史料によれば、地震という自然現象自体は今も昔も変わらない。いずれも激しい揺れや地割れが記され、秋田・庄内地震では地形の変容、土砂の崩落による河川の決壊、貞観地震では日本の記録史上最古の発光現象がみえる。また、貞観地震には大津波、庄内地震でも国府にせまる津波とみられる記述がある。一方、秋田地震に津波の記述はないが、山形県酒田市沖の飛島で平川一臣らの研究グループが確認した上下二枚の津波堆積層のうち上層が庄内地震、下層が秋田地震の層に比定されている。したがって、各地震とも津波の発生は確認できるが、史料をみる限り、秋田・庄内地震では貞観地震の津波ほどの被害はなさそうである。今後、どの程度の規模の津波がどれほどの範囲に及び、いかなる被害をもたらしたのか、考古学や理科学的な分野からのさらなる解明を期待したい。

†発生時における人々の動向と被害

地震発生時、および直後の人々の様子は秋田・貞観地震に詳しい。貞観地震では激震に人々が叫び声をあげ、伏したまま起き上がれずに倒壊する建物の下敷きになったり、地割れに落ちる者がいた。馬や牛も驚いてやみくもに走りまわったという。秋田地震では大きな地割れがあちこちに生じ、秋田城そばの雄物川では水が涸れて流れが細くなったため、河底が裂けて水が海に流れ出たと大騒ぎになった。一方、土砂の崩落で流れが堰き止められた河川では氾濫が起き、人々がわれ先に高台に避難する光景もみられた。短時間で大津波が襲来した貞観地震でも避難が間に合わず、一〇〇〇人もの溺死者がでている。こうした様子も現代とそう変わらない。実際、時ならぬ激震に生き物は声をあげて驚き、震度五以上の揺れともなれば人はたやすく動けない。津波などが寄せれば高台に逃げるし、何かにしがみいて逃れようとする。雄物川のような変異にも合点がゆかず、憶測であれこれと騒ぐ。秋田城周辺の人々はあちこちに生じた地割れと結びつけて考えた。

地震自体の人・物的な被害としては建物や家屋、塀などの倒壊による死傷者が多い。秋田地震では秋田城の官舎や四天王寺の仏像などがことごとく倒れ、当日中に把握されただけでも倒壊する建物に打たれて一五人の死者と一〇〇人余りの負傷者がでた。庄内地震でも建物の下敷きになったとみられる圧死者が多く、貞観地震の記述にも家屋倒壊による圧死者がみえる。当時の建物は多賀城の政庁や外郭施設の門、寺院以外は柱穴を掘って柱を立てる掘立式建物であった。出羽国府の城輪柵跡や秋田城の政庁ほどの建物なら柱穴が大きく、柱も太いそれなりの構造だったが、秋田城政庁の建物は九世紀第2四半期頃に画一的に建替えられている。城輪柵跡政庁も九世紀後半に一部が建替えられており、これらは秋田・庄内地震によるものとみられる。政庁ですら建替えが必要なら、ほかの建物の被害はなおさらであろう。ましてや、当時の一般集落の居住施設はなお竪穴建物を主体としていた。潰れたり倒壊するなど甚大な被害が考えられる。また、城柵の政庁や外郭施設などにみられる築地は、粘土などを突き固める版築作業で築かれた強固な土塀だったが、湿潤寒冷な東北地方では水気が多い地表面と接する基底部が溶融を繰返し、根元からの崩落が早い。秋田県大仙市払田柵跡（雄勝城跡）の発掘調査ではまるごと横倒しになった築地が見つかり、経年劣化のうえ庄内地震での最終的な倒壊とみられている。多賀城の外郭南辺築地も九世紀後葉頃に基底部から築き直しており、貞観地震を契機とする造り替えと考えられる。なお、掘立式建物も地上部の根元が腐りやすい。東北地方では建物も築地も他地域より耐久性がなく、地震に弱かった。

しかし、最大の被害をもたらしたのは、やはり貞観地震の大津波である。『日本三代実録』には容易に大津波の襲来とわかる記述が地震を上まわる量で記されている。原野も道路も青海原のようになり、資産も苗稼も残るところ無しとする記述は根こそぎ流された描写であり、東日本大震災の悪夢がよみがえる。近年の発掘調査では貞観津波の堆積層に覆われた水田（宮城県仙台市沼向遺跡など）などの遺構も確認され、なかには柱穴の埋土ごと流された建物とみられる遺構（同名取市鶴巻前遺跡）もある。これらは史料を裏付ける震災遺構といえる。津波堆積層の状況も現代の津波のものと比べて詳細に分析・検討され始め、今後さらに実態の明確化が期待される。また、貞観津波では死者も桁が違う。史料上の約一〇〇〇人はすべて溺死者である。建物の倒壊など地震自体による死者は不明だが、加えればさらに多い。ただ、溺死者のみの記載や先述の秋田地震当日の死傷者数からすれば大部分は津波による犠牲者とみてよい。阪神淡路大震災と東日本大震災でも死者・行方不明者には開きがあり、津波が加わると尊い命が過大に失われる。『日本三代実録』の記述はそうした大惨事を示し、意思を持った言葉による国史への記述で後世に伝えられた最初の警鐘である。

†被災への対応

中央政府の編纂による六国史から被災地の実情をみるのは難しいが、とりあえず政府の対応からみていきたい。都（平安京）の天皇・政府が対応を示したのは秋田・貞観地震が発生から一〇〇日前後、庄内地震が約四〇日後であり、実に悠長に感じられる。ただ、第一報に続く詳報を待っていたり、秋田地震では陸奥国なども含めた疫病の蔓延、貞観地震では大惨事による情報の途絶なども考慮する必要がある。秋田地震第一報では詳細は追って上申とし、対応を示す詔の直後には大宰管内と陸奥出羽（奥羽）などの国の疫病に対する読経を諸国国分寺に命じ、さらに奥羽両国の疫民を救済した国司や在地有力者への叙位の定めがみえる。地震対応はより広く蔓延する疫病の情報も踏まえつつ進められた。一方、貞観地震では東日本大震災時の孤立という状況を考えるとよい。惨事が大きいほど被災地・被災者は孤立し、情報は発信源からして断たれる。現代のようにヘリコプターから映した津波の映像を見たり、孤立した人々を発見して救出するのとはわけが違う。情報の収集すらままならず、被災地で孤立した夜を過ごすのは現代でも恐ろしい。古代では、それがもっと長く続くのである。情報の伝達を現代人の感覚でみるべきではないし、記述にも配慮が必要である。

地震対応の詔の内容には共通性があるが、微妙な違いもある。秋田地震の詔は地震使派遣、家屋・生業を失った者の租調免除、公民と蝦夷（民夷）への平等な賑給、建物等修理、死者埋葬を命じるが、庄内地震では建物等修理がみえず賑給も貸賑とする。被害がやや軽めだったのかもしれない。貞観地震では使の任命から三七日後の詔に租調免除と民夷平等な厚葬がみえるが、建物修理や賑給はみえない。むしろ使と国司による救済が強調されており、使の任命と詔の日付との差や津波を伴う大惨事であったこと、後の史料で国府修理の造瓦がみえることからすると、使の任命時の詔に次いで救済を重ねて強調した詔なのかもしれない。

ところで、詔の指示や実施の財源を担うのは奥羽両国であった。例えば、免除対象の租は大部分が諸国に貯備される税で、調も両国では蝦夷の饗給にあてるので免除分は国が負う。賑給は租を財源とし、建物修理も出挙による国衙財政でまかなわれる。埋葬も地震使と国が主体で、救済復興の実質は被災国に委されていた。とりわけ疫病が蔓延していた秋田地震では、疫民の救済者への叙位を定めて国司・在地有力者に救済を依存している。こうした在地への依存は半年後には出羽国の出挙稲（正税・公廨稲）を一・五倍前後増額したことで強まる。賑給や租調免除を行う一方での増税は矛盾にみえるが、より広範かつ強制的な財源の確保で被災国自身による救済復興が図られ、翌年には同じく疫病に苦しむ陸奥国でも公廨稲《くげとう》が増額された。公廨稲は国司の得分となるが、その増額によって救済を勧めた感がある。もっともこうした施策は国や在地有力者による在地の支配・結び付きの強化や再編も促す。勢力の扶植・拡大も可能であり、地域社会の再編がうながされる。

一方、政府自身の救済・復興策はあまり好ましくない。読経や奉幣など超常的な力による安定を頼み、貞観地震では徳の薄い清和天皇の譲位が究極の救済策と指摘されるほどである。もっとも、当時の政府としては最良の考え方なので一概には責められないが、現代的には効力があるとは言えない。実質的な策としては貞観地震の際に木工頭の経験を持つ官人を地震使として復興の采配・運営に派遣したり、大宰府から新羅人の瓦工を送って国府修理の造瓦・伝習に充てた程度だろうか。政府自身には負担がかからない助力であった。ところで、地震対応の詔はいずれも民夷平等な扱いをうたっている。また、秋田地震の時には国府から援兵を派遣し、その後も続いた疫病や貞観地震の直後には対蝦夷戦争で功を立てた坂上田村麻呂や小野石雄の子息（坂上浄野・小野春枝）を陸奥出羽按察使や陸奥権守に任じたのも注意される。こうしたことには当時の奥羽両国特有の社会での復興がうかがわれる。

†復興と社会の変化

秋田城に勤めていた出羽介は秋田地震当日に地震の発生と被害を国府の城輪柵跡に伝えるとともに援兵を要請し、兵五〇〇人が派遣された。この援兵は災害救助にあたる現代の自衛隊とは異なり、天災による現地の動揺や蝦夷の反乱といった不慮の事態に備えるのを最大の任務とし、承和四年(八三七)の陸奥国鳴子火山の噴火でもみえる。噴火は前年春から奥郡の百姓が妖言による動揺で逃亡が生じていた時のことで、妖言の内容は不明だが、逃亡は当時の栗原桃生以北奥郡には八世紀末の桓武朝を中心とした大規模な対蝦夷戦争後も武装した俘囚の集団が蟠踞し、百姓を不安がらせていたのを背景とする。そこに天災が加われば逃亡が増加し、俘囚の動向も一層警戒されるため援兵が差発された。援兵はさらに同六年にも彗星(凶事の前兆)の出現や地震の頻発、六〇年に一度おとずれる庚申の干支年にあたる翌七年(八四〇)には養老四年と宝亀一一年(七二〇・七八〇)の蝦夷の大反乱との干支の符合による流言で逃亡が激化したため行われ、沈静化が図られている。援兵には対蝦夷戦争後も俘囚の対立や蝦夷に対する不安が強く、天災や流言と相まって逃亡や俘囚の蜂起に至る騒ぎを抑える目的があった。蝦夷戦争における武勲者の子息の起用も俘囚の牽制と百姓の安堵にねらいがあるが、その一方で災害対応の詔では民夷平等の扱いが強調されている。

史料上、民夷平等は蝦夷戦争後の弘仁四年（八一三）に飢饉の際の平等な賑給を定めた制にみえる。その後、九世紀を通じて奥羽両国には飢饉や天災時の賑給・埋葬の際に民夷平等が命じられた。そもそも両国は蝦夷の居住地と境をなす国であり、七世紀後半以降の政府はその境界域に大量の移民を行って版図を広げ、城柵を置いて移民と周辺の帰服した蝦夷を区別して治めながら、さらに北方の蝦夷にも帰順を促した。大宝令では帰順の施策として撫慰（饗給）と征討を定め、蝦夷との関係が穏やかな場合は撫慰によったが、対立が深まると征討も辞さなかった。桓武朝の強硬な蝦夷戦争はその最たるものだが、移民や城柵の設置、戦争は奥羽両国と東国の負担を過重にし、延暦二四年（八〇五）の徳政争論をとおして強硬策は放棄される。そして、蝦夷政策は既得の地を基盤として饗給のような給付を主体、俘囚も含めた新たな在地有力者の登用を図る方向に舵がきられた。

したがって、戦争の終結まもない九世紀前半頃には民夷の対立感情がまだ根強く、蝦夷の動向も警戒されたため、災害時には援兵などで不虞の事態に備えたが、賑給では民夷を平等に扱った。それによって蝦夷の不満を抑えるとともに民夷の対立感情を緩和して差をなくし、次第に社会は両者の融合・同質化へと進む。その意味では災害時に重ねられた民夷平等の指示は両者の溝を埋めるのに役立ち、新たな歩みを加速させた一面がある。ほかに、庄内・貞観地震後には国府にも変化がみられる。

†地震災害後の国府の様相

平安時代の多賀城南面には政庁南正面の外郭南門から直線的に伸びる南北大路と外郭南辺に平行する東西大路を基軸とし、方格状の地割による街並みが広がっていた。地割は九世紀後半から一〇世紀にかけて最大に広がるが、貞観地震の津波が街並みに及んだか否かについては議論があり、津波堆積物の分布・分析による解明が進められている。

その一方で地震後の九世紀後葉頃には街並みの中核をなす大路交差点部分の湿地化が始まり、街の中心が次第に西側の自然堤防上に移るのが判明している。もともと大路交差点は砂押川に近く、南面でも標高が低い立地の悪い場所であった。そこが中心となったのは多賀城の朱雀大路というべき南北大路が施工されて東西大路と⊥状の交差点が形成され、その南側でも河川を改修して南北大路の延長を伸びる運河が開削されたためだが、それは多分に多賀城政庁を中心とする街の姿を呈した。これに対し西側の自然堤防は微高地で立地が良く、地盤も比較的安定しているため古墳時代から集落が営まれ、多賀城創建後も奈良時代には大規模な集落があった。とすれば、街の中心の移動は好立地での活動・生活への回帰といえる。年代的には貞観地震と付合し、南面では人々が活動しやすい街並みへと復興が進んだ。多賀城でも地震後は外郭の西門が南門を凌ぐ規模で建替えられ、西側への指向がみえる。また、一〇世紀前半には外郭南辺の櫓や東半部の官衙が廃絶し、現状で一〇世紀後半に確認できる官衙は政庁と外郭西門内側の五万崎官衙のみとなる。街の中心の移動に引かれるような動きで、結果として政庁は国府の中でも東のはずれに位置するようになる。

仁和三年（八八七）、出羽国は三七年前の庄内地震での窪地化による水没の危機を理由とし、出羽郡に所在する国府の最上郡移転を申請した。審議の結果、政府は出羽国南辺の最上郡では秋田・雄勝城との往還に不便であり、国の統治に向かないとして申請を却下、国府周辺での高台移転を命じた。発掘調査の結果、当時の国府城輪柵跡の約三キロ東の比高約五〇メートルの丘陵上にある八森遺跡が高台移転した国府として判明しているが、同遺跡は短期間で廃絶し、国府は再び平地の城輪柵跡に戻ったことも確認されている。城輪柵跡が庄内地震の被災後四〇年近く国府として機能し、移転審議でもその周辺が国府の地にふさわしいとされ、一度は高台移転しながらも再移転したことは、地震で地形が変化しても城輪柵跡周辺が国府として至便であったのを示す。八森遺跡のある丘陵は手狭で政庁も城輪柵跡より一回り小さく、実務官衙も若干確認されているにすぎない。一方、城輪柵跡周辺の様子は明確ではないが、被災後も長い国府としての機能からみれば流通・経済の拠点や国司の館、国府を支える人々の生活基盤などが復興していた状況が考えられる。再移転もその結果だろうが、実情に合わせて政庁のほうを動かしているのは注目される。

陸奥・出羽国府の国庁はもとより両国統治の中枢であり、空間的にも国府の中で中核的な位置を占めた。多賀城南面の街並みが政庁正面の外郭南門から延びる南北大路と外郭南辺平行の東西大路を基軸としたのが良い例である。しかし、前述の様相からすると、九世紀後半頃以降にはその位置付けが下がりつつあった。依然、重要な政務・儀式の場ではあったろうが、むしろそれらを行う象徴的な場という府内の一要素となり、統治の機能は国司の館などを中心に国府全体が担うよう変わりつつあったのではなかろうか。出羽国庁と一部の官衙のみの移転もその現れであろう。そして、こうした変化は庄内・貞観地震による復興を経てのことであり、復興は国府の変化にも影響を与えたとみられる。

†九世紀における災害と社会の歩み

地震からの復興の実質を担うのは被災した奥羽両国であった。なかでも、疫病の蔓延下で起きた秋田地震の被災者救済は国司や在地有力者に依存され、さらには出挙稲の増額で国の総力をあげた復興が目指された。同じく疫病に苦しむ陸奥国でも公廨稲が増額されたが、こうした施策は国司や在地有力者の力を強め、地域社会の再編を促した可能性もある。また、災害対応の詔では民夷平等が繰り返し強調され、対蝦夷戦争後の両者の融合・同質化を加速させた。庄内・貞観地震後には、それまで国府で中核的な位置を占めた政庁が次第に府内の一要素となり、国府全体が統治を担う変化もみえる。総じて国・在地有力者・公民・蝦夷などの距離や、国庁と国府との間が縮まり、災害と被災からの復興は地域社会の再編に影響を及ぼしたとみられる。

日本という国において、大規模な自然災害は不可避かつ悲惨なものだが、災害と被災からの復興は社会に転機や変化、それらの加速などをもたらす。もっとも、人々にとってそれらが常に良い社会・生活をもたらしたとは限らない。それも踏まえて、現代を生きる私たちに大切なことは、災害と復興を通してより良い社会の構築に努めることであろう。

参考文献

相原淳一「多賀城と貞観津波」『考古学雑誌』第一〇一巻第一号、二〇一八年
相原淳一「再考　貞観津波」『考古学研究』第六八巻第一号、二〇二一年
石橋克彦『大地動乱の時代——地質学者は警告する』岩波新書三五〇、一九九四年
熊谷公男「九世紀奥郡騒乱の歴史的意義」虎尾俊哉編『律令国家の地方支配』吉川弘文館、一九九五年
斎野裕彦『津波災害痕跡の考古学的研究』同成社、二〇一七年
鈴木琢郎「貞観震災の基礎的考察」熊谷公男編『古代東北の地域像と城柵』高志書院、二〇一九年
宮城県考古学会『大地からの伝言——宮城の災害考古学』二〇一六年
柳澤和明「九世紀の地震・津波・火山災害」鈴木拓也編『東北の古代史4　三十八年戦争と蝦夷政策の転換』吉川弘文館、二〇一六年

コラム2 「貞観地震」「享徳地震」にみる地震対応の時代性

松岡祐也

二〇一一年（平成二三）に発生したマグニチュード九・〇の東北地方太平洋沖地震、いわゆる「東日本大震災」は、太平洋沿岸部を襲った津波などにより、各地へ大きな被害を与えた。この地震をきっかけに、日本の歴史上たびたび各地に被害をもたらしてきた地震への関心が高まった。二〇一一年以降多くの研究成果が発表されており、歴史学でも様々な課題が提示され、研究が進んでいる。なかには、あらゆる歴史的事象を地震に絡めて論じようとする震災史観・復興史観と呼ぶべきものや、巨大地震を自明のこととして証明を試みるものなど、問題のある研究も存在している。東日本大震災が与えた大きな衝撃は、良くも悪くも研究状況に影響を与えたということができるだろう。

東日本大震災の主要な被災地である東北地方についても、過去の地震災害の姿や対応を明らかにしようとする試みが現在も続いている。八六九年（貞観一一）に陸奥国で発生した地震、いわゆる「貞観地震」は震災以前から研究がおこなわれていたものの一つで、これまでに蓄積されてきた研究成果の再考や文献史料の再解釈がなされている。貞観地震では震動による城郭の被害に加えて、津波が多賀城下に到り、溺死者も千人ほど出たことが『日本三代実録』に記述されていることから、特に津波による被害が注目されている。文献史料に加えて、地質学による調査成果も出ており、これらの研究結果から貞観地震は東日本大震災に似た巨大地震だったのだと考えられている。貞観地震が東日本大震災によって一般にも知られるようになった理由は、この点にある。

九世紀には、出羽国でも大規模な地震が起きていた。『日本後紀』『日本文徳天皇実録』には、八三〇年（天長七）・八五〇年（嘉祥三）にそれぞれ地震が発生したことが記述されている。この二つの地震では、秋田城や出羽国府の周辺で被害が生じており、多くの死者も出ている。九世紀に東北地方で発生した地震は、いずれも甚大な被害をもたらしたことが分かる。

古代には災害を何らかの予兆であると考えていたため、朝廷は卜占をおこない、その結果を受けて宗教的な除災や軍事的な対応を実施していた。九世紀東北地方で発生した地震に対しても、同様の対応がおこなわれている。例えば貞観地震の際には、寺社に対して金剛般若経の転読や祈禱が命じられており、軍事強化のため陸奥介などの人事が変更されている。また朝廷による対応だけではなく、陸奥国司によって多賀城や陸奥国分寺の修繕が命じられており、修繕費用は陸奥国の正税からまかなわれていた。このことから、朝廷主導による対応と当該国による対応は明確に分かれていたということができる。

右の三つの地震では、公民・蝦夷を区別することなく救済するよう詔が出されている。この背景には、同時期の東北地方で起きていた、蝦夷との対立や兵乱の発生の影響が考えられる。地震への対応には、社会情勢も関係していたようである。

しかし一〇世紀以降になると、東北地方でどのような地震が起きたのかが分からなくなる。これは、地震の静穏期（被害をもたらすような地震が発生しなかった時期）だったと考えることもできるが、それ以上に史料の問題によるところが大きい。一〇世紀から一六世紀までの、地震による東北地方の被害の記述は、多くが近世・近代の史料にみられるものである。例えば、一四二三年（応永三〇）に現在の秋田県仙北市で、大きな被害を与えた地震が発生したとする史料が存在する。しかし、それらはすべて近世に編纂されたもので、戸沢氏の天神信仰の由緒を伝えることを目的としたものであった。近世の史料のみにみられる、過去の地震被害の記述は、何らかの目的をもって創作された可能性が考えられる。

このようなかで近年注目されているのが、一四五四年（享徳三）に発生した地震である。「享徳地震」と呼ばれるこの地震は、『王代記』などの記述から、陸奥国の内陸深くまで津波が襲い、多くの人が海に流され死亡したということが分かっている。また、地質学の調査によって、東北地方太平洋側の各地でこの地震によると考えられる津波の痕跡が見つかっていることから、規模の大きな地震であったことが指摘されている。地震の発生日(一一月二三日)を命日と推定できる板碑が存在するとの研究成果が発表されるなど、様々な面から被害の実態を明らかにする試みがなされている。津波被害や浸水範囲などから、享徳地震を貞観地震に類似する規模だったと考える人もいる。

諸研究によって享徳地震による被災状況は分かってきたが、地震後どのように対応したのかはまったく分かっていない。貞観地震のときのような、朝廷の命による卜占や祈禱がおこなわれた形跡はなく、被災地の復旧・復興についても不明である。中世にも災害を予兆とする考えは存在し、京都周辺で地震が発生した場合には卜占・祈禱ともに実施されている。地方で地震が発生した場合の朝廷主導による対応の有無は、古代と中世の地震対応の違いだといえる。

東日本大震災以来、古代・中世の地震については様々なことが分かってきたが、貞観地震と享徳地震を比較すれば分かるように、まだ多くの課題が残されている。文献史料の問題もあるが、今後さらに研究が進むことによって、東北地方で発生した古代・中世の地震の実像や影響、地域社会による対応が明確となるだろう。

参考文献

小野真嗣「自然災害と兵乱——九世紀の奥羽地方を中心に」『和洋女子大学紀要』六三、二〇二二年
佐々木淳「[講演要旨]享徳地震発生日が命日と推定できる板碑について」『歴史地震』三六、二〇二一年
澤井祐紀「東北地方太平洋側における古津波堆積物の研究」『地質学雑誌』一二三—一〇、二〇一七年
鈴木琢郎「貞観震災の基礎的考察」熊谷公男編著『古代東北の地域像と城柵』高志書院、二〇一九年
行谷佑一・矢田俊文「史料に記録された中世における東日本太平洋沿岸の津波」『地震 第二輯』六六、二〇一四年
松岡祐也「出羽国仙北郡の応永三十年地震に関する史料の検討」『災害・復興と資料』一四、二〇二二年

第13講　〔特論〕奥羽と夷狄島

片岡耕平

†津軽海峡の二つの貌

表題の「夷狄島」は、「えぞがしま」と訓む。文治五年（一一八九）九月、奥羽制圧を目指す源頼朝軍の攻勢に耐えかねて平泉を離れた藤原泰衡が、逃亡を企てた先がこの島であった（『吾妻鏡』同月三日条）。「蝦夷島」など他の表記の仕方もあるが、いずれにせよ、おおむね現在の北海道島を指す。

一九九七年（平成九）の「北海道旧土人保護法」廃止と、「アイヌ文化の振興並びにアイヌの伝統等に関する知識の普及及び啓発に関する法律」施行によって、この島を生活の場としたアイヌの人々の、先住民族という位置づけがより強く意識されるようになった。その影響もあって、この島の歴史を語る営みは、独自の文化を持った民族が形を成す経緯を明らかにする営みとしての色合いを強めている。考古学・文献史学の協働によって徐々に明らかになりつつある経緯の鍵は、交流である。北東に隣接するサハリン・千島列島、それらの先にあるユーラシア大陸東北部、そして南隣の奥羽を北端とする日本列島。独自の文化やアイデンティティは、これら周辺諸地域との人・物の交わりを通してこそ形を成しえたと想定されている。

実際、奥羽と北海道島の交流は活発であったらしい。と言うと、両者を隔てる津軽海峡の存在が気にかかるかもしれない。しかし、どうやらこの海峡は、人・物の行き交いを妨げる障壁にはならなかったようである。発掘調査などによって、そのことが明らかになったことで、この海峡はよく、アイヌの言いまわしを援用して「しょっぱい川」と形容されている。〈海〉が抱かせる、両岸を厳然と隔てるという印象を消し去る意図がある。

ところで、海峡が〈川〉としてあった影響は、なにも北岸の北海道島の歴史にだけ及んだわけではない。当然ながら、南岸の奥羽の歴史の流れをも左右したはずである。大雑把に言うなら、北奥羽社会のあり方が、〈川〉でつながる北海道島社会のそれに似通い、その反動で地続きのはずの南奥羽社会との間に断絶が生じる局面があったと想定されている。つまり、北海道島を視野に入れて奥羽の歴史を描くという構えは、奥羽なるものの一体性を揺るがし、その多様性を明るみに出す可能性を秘めている。『東北史講義』と題する中に本章が置かれるのは、おそらくそれを意識してのことである。

では、奥羽のどこからが北で、どこからが南なのか。そもそもその答えからして、一つではない。たとえば、現在の岩手・秋田両県の南の県境とほぼ重なる北緯三九度線は、答えの一つであろう。というのも、畿内の朝廷が八世紀を通して行った「征夷」は、おおむねこの線以北への侵攻であったと見ることができるからである。言い換えれば、以北の奥羽から北海道島にかけては、まつろわぬエミシが暮らすという意味で一体だったということになる。

あるいは、近年注目を集めているのが、秋田県の八郎潟や岩手県八幡平の辺りを通る北緯四〇度線である。それが〈川〉両岸共通の自然環境のおおよその南限に当たるため、線を挟む南北で、自然環境の影響を避けられない人間の諸活動の様相に差異が目立つという。以北の一体性と以南との違いを際立たせる意図で、北奥羽を道南と一括する「北の内海世界」なる枠組みを提唱する研究者もいる。

それを何と名づけるかはさておき、このように奥羽の中に様々な区切りを見出し、以北に広がる世界のあり様を以南のそれとの対比で描く営みが、奥羽の歴史を豊かにしてきたのは間違いない。ただ、それが過ぎると、今度は北海道島社会の独自性を無視することになりかねない点には注意すべきである。〈川〉を挟んだ交流の結果が、南岸のそれとは異なる北岸独自の文化・アイデンティティの芽生えだった事実は忘れるべきではない。そう考えると、〈川〉という津軽海峡の位置づけは、実は果たした役割の一面しか捉えていないということになる。つまり、それは容易に渡れる〈川〉であったのみならず、やはり物心の両面で両岸を明確に区切る〈海〉でもあったのである。

とすれば、相反するこれら二つの貌がどう表れていたのかは興味を惹くところであろう。二つは併存していたかもしれないし、一方が前面に出るのと引き換えに一方が後ろに退く関係だったかもしれない。おそらくどちらも正解なのだろうが、時間の経過に伴う変化を重視する歴史学研究者の注目を集めてきたのは、間違いなく後者である。要するに、海峡が〈川〉としてあったために奥羽の中に引かれていた、奥羽を南北に分ける線は、両岸で展開した人間の諸活動の影響でいつしか意味を失い、海峡が〈海〉としての貌を見せる時を迎えたと考えられている。

では、それはいつ、そしてどのような活動の影響だったのか。実は、その答えもまた一つに定まっているとは言えない。「両岸で展開した」と断ったことからも分かるように、両岸それぞれに特有の状況があり、どちらの側に立つかで見えるものが違うからである。ただ、とりあえず冒頭に登場した「えぞがしま」なる呼称の誕生を、海峡が〈海〉になった表れとすることに異論は出ないであろう。それまでエミシであった、たとえば「蝦夷」の訓がエゾに変わるのは、北海道島が奥羽とひとまとまりで認識されている状況が終わったからに他ならない。

繰り返すが、北海道島を視野に入れた構えは、奥羽の一体性を揺るがす。裏を返せばそれは、一体でなかったものがどのように一体と認識されるようになったのかという問いが生まれたということでもある。この問いに向き合う必要に気づくことができるのも、北海道島の存在を念頭に置くからこそである。

†〈海〉から〈川〉へ

斉明天皇四年（六五八）、阿倍比羅夫は一八〇の船を率いて北に向かい、「齶田」（現在の秋田）・「渟代」（現在の能代）のエミシを攻撃した。前者に朝廷への服従を誓わせ、「渟代・津軽二郡の郡領」を任命した彼は、さらに津軽半島北西部の十三湊に比定される「有間浜」で「渡嶋」のエミシを饗応したという（『日本書紀』同年四月条）。この「渡嶋」がどこを指すのかをめぐっては議論があったものの、現在は北海道島内の地名という説が有力である。とすれば、北海道島は秋田・津軽などと同じくエミシが暮らす地と見なされていたし、その北海道島のエミシにとって津軽半島は活動範囲の内だったということになる。七世紀半ばの時点で、エミシの世界が〈川〉の両岸に広がっていたことが、とりあえず日本海側に関して窺えるわけである。

この世界が形を成したのは、三世紀から四世紀にかけての頃のことであった。それより前、少なくとも紀元前三世紀に大陸から稲作が列島社会に到来した時、津軽海峡は〈海〉であった。早い段階で津軽平野にまでは到達した、この新たな食糧獲得手段は、結局、海峡を越えなかったのである。以降、海峡は、農耕を拠りどころに国家形成に向かう南岸の社会＝弥生文化と、従来どおりの狩猟・採集中心の生活を続ける北岸の社会＝続縄文文化の境界線であり続けた。

三、四世紀頃にその状況を変えたのは、寒冷化であったとされる。その影響で、北海道島以北の北方世界に暮らす人々が全般的に南下し始め、奥羽内では稲作の北限も南に下がった。再び農耕から切り離された奥羽の北部は、在来の人々と海峡を南岸へと渡った続縄文文化人の混住の地となる。北海道島の縄文土器（後北C2式・同D式・北大式）と形式を同じくする土器が、この地から出土するのはそのためである。また、宮城県北部以北に色濃く残るアイヌ語地名も、混住の痕跡である可能性が高い。寒冷化をきっかけに〈川〉としての貌が表面化し、奥羽には、それを南北に分ける目安になりうる特徴が生まれ始める。そのおおよその境目として、北緯三九度線は浮かび上がる。

混住は、北海道島にも多くをもたらした。大和政権の形成と軌を一にして南から伸長してきた古墳文化に、続縄文文化人が接する機会を作ったからである。古墳文化由来の鉄や土師器製作技法などが、彼らを介して海峡の北岸へと渡り、とりわけ道央・道南地域の生活様式を変化させた。三浦圭介によれば、七、八世紀を通して、北緯四〇度線以北の奥羽と北海道島は同型の土師器を使用する一体の圏域と見なすことができるという。他所からもたらされた知識・技術を咀嚼して生み出す新たな形式が似通うのは、それをする人々の思考や行動の様式が似通っているからである。さらに独自性が際立つ領域として北緯四〇度線以北がある。比羅夫は、北緯三九度以北の中でも、そこに足を踏み入れたのである。

斉明天皇紀を見る限り、比羅夫を派遣した朝廷の狙いは二つあった。一つは、とくに唐に対して独立した小帝国として振舞うのに必要な、周縁にあって朝貢してくるまつろわぬ民を創出すること、もう一つは、サハリンを原郷とする「粛慎」も交えて行われていた北方世界の交易に介入することである。朝廷にとって〈川〉両岸のエミシの世界は、まつろわぬ民が暮らし、希少な北方の産物を得られる地としてあったわけである。

八世紀の「征夷」は、この認識に基づく事業であった。朝廷は、まつろわぬ民の地を自らのものにすべく、北緯三九度線以北への侵攻を開始する。動きが止まったのは延暦二四年（八〇五）、民の負担軽減を考えた桓武天皇が軍事行動の停止を決断したことによる。その時、朝廷の支配領域の北限は、北緯四〇度線辺りに達しようとしていた。

結果として、一一世紀後半まで戦線がそこに留まったことで、それまで特定の自然環境の南限でしかなかった北緯四〇度線は、人為による境界線という意味を併せ持つようになる。そのことは、朝廷が、新たに手中にした、この線と北緯三九度線に挟まれた地帯に、律令制の地方行政区画である郡を設定したことで可視化された。のちに奥羽の覇権を争うことになる安倍氏・清原氏が拠点とした奥六郡や出羽国山北三郡は、この地帯に形を成す。朝廷に服属したエミシを指す「俘囚」の長として歴史上に登場する彼らは、最も新しく朝廷の支配領域に転じた最北の郡を管轄する者たちであった。もちろん、その先には、依然としてまつろわぬエミシの世界が広がっている。

「人為による」という語感とは裏腹に、この新たな境界線は、人・物の行き交いを完全に遮断しはしなかった。延暦二一年(八〇二)六月二四日付の太政官符(『類聚三代格』巻一九)は、「渡嶋」のエミシが来朝時に持参する毛皮を王臣諸家が競って買い求めるため、質が劣る残り物しか朝廷に献じられなくなっていることを問題視している。エミシの世界を特徴づける第二の要素であった希少な北方の産物に対する強い憧れは、人・物が線を跨いで動き続ける原動力であった。

†再び〈海〉

さて、冒頭で言及した藤原泰衡の「夷狄島」への逃避行は、結局失敗に終わった。途中の比内郡贄柵において、彼は郎従河田次郎に討ち取られる。栄華を誇った平泉藤原氏の命運は、ここに尽きたわけである。主を失った毛越寺・中尊寺の僧たちは、藤原氏が三代にわたって建立してきた堂塔群の概要などを認めた「寺塔已下注文」を、奥羽の新たな覇者となった源頼朝に提出し、帰順の意を示す(『吾妻鏡』文治五年九月一七日条)。

「注文」の最初に登場するのは中尊寺である。その寺地について、こう記されている。藤原清衡は、白河関と外浜をつなぐ幹線道、のちに奥大道と呼ばれる道の道沿いに金色の阿弥陀像を描いた笠卒塔婆を一町間隔で立て、その中間点にある山の頂に一基の塔を建てた。前九年合戦・後三年合戦を経て奥羽を掌握した清衡は、社会に平穏を取り戻すべく仏教立国を志したとされる。背骨とも言える大道沿いに阿弥陀仏を連ね、さらにその中核に中尊寺を置く国の形が、彼の頭の中には浮かんでいたのであろう。

その形が実際に像を結んだか否かはさておき、ここで重要なのは、陸奥国の南の玄関口である白河関から陸奥湾沿岸の外浜までが、清衡の構想の舞台になっている点である。北緯三九度線なり四〇度線なりを境に差異が見出せていた、それまでの奥羽のあり方は、ここにはない。全域が一体として平泉藤原氏の掌中にあると認識されている。

この一体化を象徴するのが、北緯四〇度線以北の郡の存在である。八世紀の「征夷」を経て以南にのみ設定されたそれは、一二世紀には奥羽全域に適用されるようになっていた。後三年合戦での勝利後、藤原氏が平泉を拠点に権力を確立させるのと軌を一にすると考えられている。奥羽の一体化は、全域が朝廷の支配下に入るという形で実現し、それを最終的に成し遂げたのは、平泉藤原氏であった。

南岸から見れば、北緯四〇度線が人為による境界線としての役目を終えたこの時が、津軽海峡が再び〈海〉になった時であった。新たな境界線は、津軽海峡上に引き直されたのである。それに伴って、清衡が構想する仏教国の北端にして海峡沿岸の地でもある外浜は、新たな位置づけを与えられる。鎌倉時代、そこは国家の統治領域外へと追われる望ましからぬ者たちが、域内で立つ最後の地とされた。たとえば、妙本寺本『曽我物語』は、天皇が統治する日本国が、それまで七〇〇〇年もの間統治者の座にあった鬼王安日とその一党を、神武天皇がこの地から追放したことに始まると説く。外浜の外、津軽海峡の先に広がっている世界は、天皇の統治の埒外ということになる。

彼らの子孫に当たるのが、今の「醜蛮」である。外浜から追われた安日らのその後について、『曽我物語』はこのように言う。「醜蛮」の訓は、エゾである。つまり、物語は、北海道島が奥羽と〈海〉で隔てられ、独自にエゾと呼ばれる状況を反映して成り立っている。奥羽の一体化は、北海道島を、誰の目にも明らかな蔑称に似つかわしい、望ましからぬ者たちが追われる流刑地に変えもしたのである。

鎌倉幕府は、このようなエゾを管轄することを「東夷成敗」と呼ぶ。少なくとも一四世紀以降、それは一貫して得宗から被官の津軽安藤氏が請け負う役割であり、最末期の幕府の中では、京・西国・九州の管轄に並ぶ大事という位置づけであった。但し、この役割は、幕府が創出したものではない。むしろ、それを朝廷から請け負う国家の軍事部門として、幕府なるものは生まれるのではないか。遠藤巌は、そう見ている。

というのも、もちろん同じ呼び方がされていたわけではないものの、同様の役割がすでに平安時代に存在した兆候があるのである。天治三年（一一二六）三月、中尊寺の落慶に際して、清衡は「供養願文」を作成した。そこで語られる建立に到る経緯の中心には、彼の「俘囚」を統率する「東夷の遠酋《おんしゅう》」としての感謝の念がある。奥羽の民や「粛慎」「挹婁《ゆうろう》」といった北方の諸民族が自らに従順であること、それゆえに地域の平和が保たれていることへの感謝である。彼が自らのものと自認している、奥羽ならびに北方世界の秩序を守る「遠酋」の責務と、鎌倉幕府が言う「東夷成敗」の間に大きな違いはない。

奥羽とそれ以北という区分の存在を前提とするこの役割が成立するのは、さらにもう少し時間を遡って、朝廷が北緯四〇度線以北のエミシの世界の制圧を見通せるようになった、一一世紀後半頃のことであったと考えられる。征服地とその先の管轄を朝廷から委ねられる者として、安倍氏を倒して鎮守府将軍に任じられた清原氏、平泉藤原氏そして源頼朝といった歴代の奥羽の覇者たちはいた。この位置づけが正しいとすれば、平泉藤原氏とは何者か、鎌倉幕府とは何か、という国制史上の重要問題に一定の見通しを与えてくれる点を、北海道島を視野に入れる恩恵に加えることができる。

ところで、これまで示してきた、南岸一帯が朝廷の支配下に入った一二世紀に〈海〉が現出したという筋書きには、実は綻びがある。海峡が〈海〉としてあることと密接しているはずの北海道島がエゾと呼ばれる事態が、一二世紀より前に起こったという綻びである。

この呼称は、応徳三年（一〇八六）に前陸奥守源頼俊が朝廷に提出した申文に初めて登場する。「衣曾別島の荒夷」らの蜂起を鎮圧した報酬を求める申文である。この「衣曾別島」が、「えぞわけしま」と訓み、北海道島のこととされている。朝廷の勢力が、長らく境界線であった北緯四〇度線以北へと伸び始めようとしているこの時点ですでに、南岸の人々の目に映る北海道島は、エミシが暮らす北奥羽とは異質な地になっていたのかもしれない。付け加えておくと、呼称の成立はさらに遡ると見る研究者もいる。

考えられるのは、〈海〉への変貌を引き起こしたのが、南岸での動きではなく、それに先駆けて北岸で起こっていた独自性を強める動きであった可能性であろう。先に、南岸と北岸とでは見えるものが違うと述べたのは、このことである。

文献史料では追えないその北岸の動きは、土師器の形態の変遷をめぐる三浦圭介の説で捕捉できる。七、八世紀を通して一体の圏域と見なしえた北緯四〇度線以北の奥羽と北海道島は、九世紀になってその一体性を失うという。一つには、北奥羽社会が「征夷」の衝撃で南との同化に向かい始めたという事情がある。しかし、それだけではなく、道南・道央地域を中心に、従来の土師器製作技法を基盤とする新様式の土器、擦文土器の使用が始まってもいた。これは、北海道島社会に、時代を画する新たな文化が生まれたことを意味する。続縄文文化の時代が終焉を迎え、擦文文化の時代に入ったのである。

一〇世紀以降、擦文土器は装飾性を高め、より強い独自色を帯びるようになる。時を同じくして、狩猟・採集に依拠する従来の生活様式から、周辺諸地域との交易に主眼を置くそれへの転換も始まった。瀬川拓郎は、その新様式を「アイヌ・エコシステム」と呼ぶ。アイヌへとつながる独自のアイデンティティ形成の画期を一〇世紀に求めるのが、最近の傾向である。海峡を挟んで北奥羽と引き合う北海道島の磁力は、九、一〇世紀を通して確実に弱まっていく。

このように、北海道島にまつわる一つの綻びを押し広げてみると、朝廷勢力の伸長が全てを塗り替えるという単線的な筋書きは破綻する。これは、奥羽だけを見て奥羽の歴史を描いている限り起こりえない事態であろう。地域社会のあり様は、強大な外部からの力の作用によってのみ変化するのではない。この当たり前の事柄を『東北史講義』に織り込むためにも、北海道島は視野に入っていなければならない。

参考文献

今泉隆雄「律令国家とエミシ」同『古代国家の東北辺境支配』吉川弘文館、二〇一五年
入間田宣夫ほか編『北の内海世界　北奥羽・蝦夷ヶ島と地域諸集団』山川出版社、一九九九年
遠藤巖「中世国家の東夷成敗権について」『松前町史研究紀要　松前藩と松前』九号、一九七六年
大石直正「外が浜・夷島考」同『中世北方の政治と社会』校倉書房、二〇一〇年
海保嶺夫『中世の蝦夷地』吉川弘文館、一九八七年

工藤雅樹「東北北部における政治的社会の形成」同『古代蝦夷の考古学』吉川弘文館、一九九八年
熊谷公男「阿倍比羅夫北征記事に関する基礎的考察」高橋富雄編『東北古代史の研究』吉川弘文館、一九八六年
斉藤利男『平泉　北方王国の夢』講談社、二〇一四年
瀬川拓郎『アイヌ・エコシステムの考古学　異文化交流と自然利用からみたアイヌ社会成立史』北海道出版企画センター、二〇〇五年
三浦圭介「古代東北地方北部の生業にみる地域差」日本考古学協会編『北日本の考古学　南と北の地域性』吉川弘文館、一九九四年
簑島栄紀「古代北海道地域論」大津透ほか編『岩波講座日本歴史第二〇巻　地域論』岩波書店、二〇一四年

第14講

〔特論〕奥羽の荘園と公領

白根陽子

†奥羽の荘園と公領の概要

奥羽の荘園と公領の分布および地域的特徴について、その概要をはじめに確認しておこう。まず、陸奥国の荘園と公領については、①南奥、②国衙所在郡とその周辺、③平泉を中心とする地域、④北奥という四つの地域区分が提示されており（大石直正「陸奥国の荘園と公領――鳥瞰的考察」『東北学院大学東北文化研究所紀要』二二、一九九〇年）、これに準じてそれぞれの特徴を述べることにする。

①南奥とは、現在の福島県域に宮城県の阿武隈川流域を加えた地域をさす。公領（国衙領）である郡は一四あり、この地域では、古代の郡の分裂によって新しい郡が多く分出するのが特徴である。また、在地領主と中央の権門・官司の協力で開発される保（便補《びんぽ》の保）は五つあり、公領と荘園の中間的な性格を帯びる。一四ある荘園の多くは領域型荘園（詳細は後述）で、郡そのものが荘園化する郡荘が多い点も特徴である。

②国衙所在郡とその周辺とは、ほぼ現在の宮城県で、陸奥国府を中心とする地域をさす。一五ある郡が公領の中心となる。国衙が所在する宮城郡の北東部に、六つの保が集中的に成立しているのが特徴で、国衙在庁官人が開発の主体だった可能性がある。宮城郡には、在庁別名(在庁官人固有の所領)である広大な高用名《こうゆうみょう》が存在し、郡と並ぶ領域をもつ八幡荘とともに、小規模な南宮荘・田子荘も所在した。

③平泉を中心とする地域とは、現在の宮城・岩手両県境から岩手郡までの地域をさす。公領には、奥六郡(胆沢・江刺・和賀・稗貫・斯波・岩手)と、平泉が所在する磐井郡、気仙郡がある。平泉藤原氏の居住地かつ特別行政区である平泉自体が保であり、周辺には四つの保が集中する。この地域の南端には、栗原・高鞍・本吉の三荘が並ぶ。

④北奥とは、おおよそ現在の青森県域と岩手県北部・沿岸地域をさす。久慈・閉伊の二郡と糠部、津軽の平賀・山辺・鼻和・田舎の四郡と外浜・西浜、そして鹿角・比内の二郡(現秋田県)から成る。糠部には郡が置かれず、一〜九戸の九戸と東西南北の四門が配置された。なお、この地域には荘園や保は存在していないとされるが、鹿角郡に「賀都荘」が存在した可能性も指摘されている(遠藤巖「陸奥国賀都庄――『金沢文庫古文書』中の「東盛義所領注文案」追筆をめぐって」『秋大史学』二八、一九八二年)。

次に、出羽国の荘園と公領について概要を述べる。公領は郡が一一あり、現山形県の置賜・

最上・村山・田川・飽海郡と、現秋田県の由利・雄勝・平鹿・山本・河辺・秋田郡と河北という地域から成る。ただし、置賜・最上郡ではほとんどの地域が荘園化したため、郡の実質はほぼ失われていたと言われている。雄勝・平鹿・山本郡は山北三郡と呼ばれ、清原氏の本拠地であったが、後三年合戦の後、平泉藤原氏によって奥六郡とともに山北三郡もその勢力下に収められた。

日本海沿岸の飽海郡には、出羽国府である城輪柵と国府津の酒田湊が所在している。なお、陸奥の国衙周辺では保や在庁別名が成立していたが、出羽の国衙周辺には保や在庁別名が存在していなかったとされる。

また、出羽国の荘園は一三荘確認されており、その分布は出羽国南部（現山形県側）に集中しているのが特徴である。摂関家領と天皇家領が多く、とくに摂関家領の成立時期が早いとされる。

†奥羽の荘園形成の特徴

一般的に、荘園形成は一二世紀の鳥羽院政期に本格化すると言われている。このような院政期の荘園は、天皇家や摂関家が主導し設立される中世荘園であり、山野を含む広大な領域を有することから領域型荘園と呼ばれる。これに対し、一一世紀の摂関期の荘園は、国司の認可に

奥羽両国の荘園分布（斉藤利男『奥州藤原三代』山川出版社、2011 年をもとに作成）

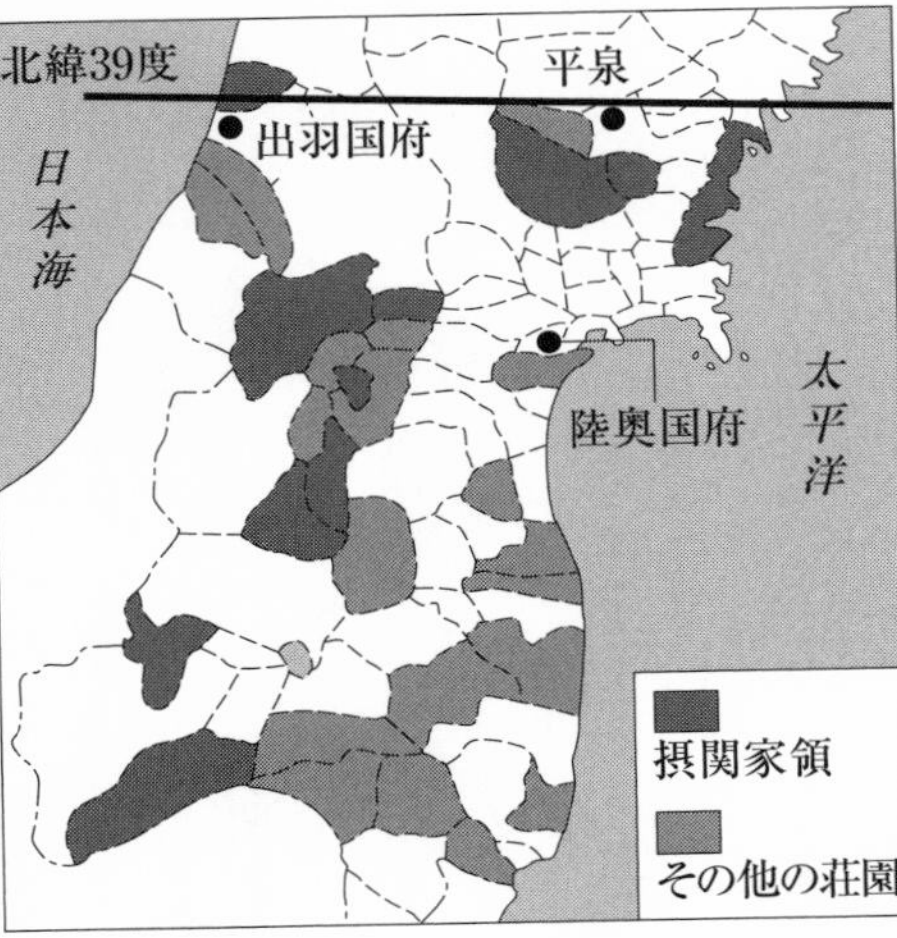

よって税の減免を受けた私領（免田）を意味する国免荘《こくめんのしょう》であり、免田型荘園と呼ばれる。こうした荘園は、所領をめぐって争っていた地方の領主たちが、紛争の解決をはかるため、天皇家や摂関家といった中央の権門に私領を寄進することによって成立した。

奥羽では、まず一一世紀に摂関家領荘園の形成の波が起こり、一二世紀半ば頃からは天皇家領などの荘園の形成期が訪れるとされる。荘園の構立は、国府から離れた地域、全国的には京都から離れた遠国から始まったと言われる。

陸奥国の奥六郡とそれ以南の境に並ぶ栗原・高鞍・本吉の三荘と、出羽国の遊佐荘は、日本最北限の荘園群を形成している。これら奥羽の北限の摂関家領荘園群が、南九州にある摂関家領の島津荘とともに、列島の北と南で全国的にも早い時期に成立している点が注目されている。

そして、この荘園形成の波が、北緯三九度（奥六郡の南境をなす平泉・衣川ライン）以北の地域にはついに及ぶことなく、北奥羽には荘園が存在しなかったという点に着目する見解もある（斉藤利男『平泉　北方王国の夢』講談社、二〇一四年）。

奥羽では荘園の成立が全国的にも早いと言われ、なぜ全国に先駆けて早い時期に荘園が成立するのかが問題とされた。その背景として、奥羽の地が蝦夷地に接し、蝦夷との交易による利益をめぐって、武士相互の抗争が激しさを増していたという指摘がある。こうした辺境の特殊条件が、全国に先駆けて荘園が成立していった原因の一つであったと言われる。では次に、一一世紀に早くも形成の波が訪れた、奥羽の摂関家領荘園について具体的にみていこう。

†奥羽の摂関家領荘園

摂関家領荘園は、陸奥国に五荘、出羽国に六荘ある。全一一荘ある奥羽の摂関家領荘園の成立時期と背景について、これまでの研究史を振り返っておきたい。

まず、最も成立時期が早く、一一世紀前半と推定されているのが、蜷河荘、栗原荘、寒河江荘（「近衛家所領目録」が根拠）である。次に、一一世紀中頃の成立とされるのが、小田島荘（『後二条師通記』寛治六年一二月四日条が根拠）である。そして、遅くとも一二世紀初頭までには成立していたのが確実とされるのが、成島荘（『殿暦』天永三年九月二日条が根拠）である。

また、摂関家の藤原頼長と平泉の藤原基衡との年貢交渉にみえる本吉、高鞍、屋代、大曾禰、遊佐の五荘は、成立が遅くとも一二世紀前半に遡るとされる（『台記』仁平三年九月一四日条が根拠）。このほか、長江荘が存在したが（嘉元三年「御《おん》摂籙《せつろく》渡《わたりの》庄《しょう》目録《もくろく》」が初見）、その成立時期は不明である。

大石直正氏は、奥羽の摂関家領の成立期が前九年・後三年合戦の時期と重なっていることに注目し、奥羽の摂関家領荘園が成立した背景を、前九年・後三年合戦との関係から説明する。まず、国衙在庁・鎮守府の下級官人として土着しつつあった武士相互の対立・抗争が、両合戦を生起させた原因の一つとみる。これら武士の中には、安倍氏側に立つ者もいれば、それとの対抗上、源頼義・義家など国司に頼り、さらに荘園寄進を通じて、摂関家の保護を期待する者もいた。こうした奥羽の人々と摂関家との間に立って、摂関家領荘園寄進の仲立ちの役割を果たしたのが、源頼義・義家父子と想定するのである。

とくに奥六郡との境を接して並ぶ栗原・高鞍・本吉の三荘の分布は、荘園寄進に帰結するような在地の矛盾が集中的に表れていることを象徴的に示すものと言われる。このうち栗原荘については、源頼義が主導した前九年合戦の戦後処理の一環として、合戦の直後に成立したとする見解もある（小川弘和「西の境界からみた奥羽と平泉政権」入間田宣夫編『兵たちの時代Ⅰ　兵たちの登場』高志書院、二〇一〇年）。

†奥羽の摂関家領荘園の形成を見直す

このように、これまで奥羽における摂関家領荘園の成立については、前九年・後三年合戦の影響に起因するものであると説明されてきた。ただし、大石氏は、会津の二荘（蜷河・長江）については、安倍・清原と源頼義・義家の対立に収斂されるような矛盾の産物として説明しきることは難しい、とも述べている。また、入間田宣夫氏は、義家ではなく、他人によって構立された摂関家領荘園があったのではないかと述べ、前九年合戦以来、奥羽に勢力を扶植するなかで、摂関家領荘園の仲立ちを頼義・義家父子が独占的に果たしてきたのか、その明証にも欠けていると指摘する（入間田宣夫「北から生まれた中世日本」小野正敏・五味文彦・萩原三雄編『中世の系譜』高志書院、二〇〇四年）。

これらの指摘をふまえると、奥羽における摂関家領荘園の成立について、すべて前九年・後三年合戦との関係に収斂させ、その要因をもとめてもいいのかという疑問が生じる。そこで、奥羽の摂関家領荘園の形成について改めて見直してみたい。

会津の二荘のうち、蜷河荘は、建長五年（一二五三）「近衛家所領目録」（『鎌倉遺文』七六三一号）に記載されている。この近衛家所領目録の末尾にある「庄々相承次第」によると、「冷泉宮領」、「一条北政所領」という名の荘園群が存在していたことがわかる。冷泉宮領と一条北政所領は、はじめから摂関家に対して寄進されたのではなく、冷泉宮と一条北政所という女性のもとに集積された荘園群であり、そののち藤原忠実に相伝されるにいたって摂関家領となっている。そこで、奥羽の摂関家領荘園の形成を見直すにあたり、冷泉宮領である陸奥国蜷河荘と、一条北政所領である出羽国成島荘に注目し、その成立の背景を探っていこう。

†冷泉宮領陸奥国蜷河荘

冷泉宮とは、小一条院敦明親王の娘であり、三条天皇の養女で、権大納言藤原信家の室となった儇子内親王のことである。冷泉宮領は、「庄々相承次第」によると、冷泉宮から京極北政所へ、そして知足院殿に伝領されている。京極北政所とは、冷泉宮儇子の養女で、後二条殿藤原師通の母の源麗子である。そして麗子の孫にあたる知足院殿藤原忠実のもとに伝えられ、摂関家領となった。

さて、これまでは陸奥国蜷河荘の成立について、冷泉宮儇子の生没年である寛仁二年（一〇一八）～承徳元年（一〇九七）を根拠に、冷泉宮は一一世紀中頃の人であるから、蜷河荘の成立時期もその頃か、一一世紀前半に遡る可能性が高いとされてきた。

ここで、改めて冷泉宮領蜷河荘の成立の背景を探り、寄進の経緯についていくつか想定を示してみたい。

① 小一条院への寄進

そもそも冷泉宮儇子のもとに荘園がどのように集積され、冷泉宮領を形成したのかについては、史料がほとんどなく明らかでない。冷泉宮領は、夫の藤原信家が集積した可能性もあるが、摂関家の傍流に過ぎない信家が多くの荘園を集積するとは考えがたく、実父の小一条院が集積した荘園とも言われている（元木泰雄「奥羽と軍事貴族――前九年合戦の前提」『紫苑』一四、二〇一六年）。

このように、冷泉宮領は小一条院が集積した荘園と考えられるならば、蜷河荘も小一条院に対して寄進された可能性がある。

② 冷泉宮への寄進（前九年合戦が本格化する以前）

『陸奥話記』によると、源頼義は平忠常の乱後に小一条院判官代となる。頼義が、小一条院の側近として近侍したのは、忠常の乱平定から、長元九年（一〇三六）に相模守に就任し任地に赴くまでの五年程度と推定されている。頼義は、相模守に就任した後、冷泉宮領の荘官への推挙を行っていた可能性があり、冷泉宮領は、頼義と東国に居住する武士たちとの主従関係の媒介となったという。具体的には、冷泉宮領の相模国三崎・波多野荘や、上総国と見られる菅生荘などでは、頼義と関係の深い武士が荘官になっており、頼義が荘官に推挙したことが想定されている（前掲、元木論文）。

源頼義は、永承六年(一〇五一)陸奥守に補任され、任地に赴いている。一方、小一条院は同じ永承六年正月に没している。さきの冷泉宮領と頼義との結びつきをふまえるならば、小一条院の娘である冷泉宮に対して、陸奥守である頼義が仲介して、蜷河荘が寄進された可能性が考えられよう。つまり、前九年合戦が本格化する以前に、陸奥守に就任した頼義が、小一条院との縁から、娘の冷泉宮に対する蜷河荘寄進の仲介を果たしたと想定することができる。

③ 藤原信家への寄進

冷泉宮領の他荘の例として、山城国石垣荘が藤原信家領であったことが推定される事例がある(『平安遺文』八一三号)。これは、藤原信家から冷泉宮儇子への相伝を裏付けるものと考えられる。ならば、冷泉宮の夫である藤原信家のもとに蜷河荘が寄進された可能性が指摘できよう。

また、藤原信家は、永承三年(一〇四八)~永承七年(一〇五二)に陸奥出羽按察使に補任された人物である。陸奥出羽按察使の公廨は陸奥国から支給されており、陸奥国との実質的なつながりも認められる。なお、平忠常の乱後の陸奥出羽按察使の人事は、小一条院との姻戚関係を主軸になされたとの指摘もある(滑川敦子「前九年合戦前夜の陸奥と京都――小一条院をめぐる貴族社会の動向から」『平泉文化研究年報』一七、二〇一七年)。

さらに、信家が陸奥出羽按察使であった期間は、永承六年に源頼義が陸奥守に補任された時期とも重なっている。よって、前九年合戦が本格化する以前に、陸奥守である頼義が仲介した可能性も想定できるだろう。

以上、蜷河荘の成立にいたる三つの寄進の可能性を提示した。源頼義が陸奥守として仲介したと考えられる例はあるものの、いずれの場合も、前九年合戦が本格化する以前に、蜷河荘が成立していたと想定できる。それゆえ、前九年・後三年合戦の影響が、直接的に蜷河荘を成立せしめた要因であった可能性は低いと言えるだろう。

一条北政所領出羽国成島荘

一条北政所とは、大宮右大臣藤原俊家（俊家の父は道長の次男頼宗）の娘であり、藤原師通の室で、忠実の母にあたる藤原全子のことである。

天永三年（一一一二）九月二日、藤原忠実は日記に、「一条殿」（全子）から出羽国成島荘の年貢である馬二疋を賜ったと記している（『殿暦』同日条）。これまで、出羽国成島荘の成立については、この初見史料を根拠に、遅くとも一二世紀初頭までには成立していたことが確かであり、摂関家領の中枢に位置する荘園の一つとされてきた。

そこで、蜷河荘と同様に、改めて成島荘の成立の背景を探り、寄進の経緯について想定を示してみたい。

そもそも一条北政所領を構成している荘園名や総数は判然としない。ただし、一条北政所領荘園として、全子の父藤原俊家から相伝している事例（山城国稲八間荘）と、全子本人への寄進の事例（飛驒国白川荘）が確認できる（『平安遺文』三〇四一号）。よって、成島荘についても、全子が父の俊家から相伝した可能性、あるいは全子本人への寄進の可能性が考えられる。

① 源義家の仲介

まず、前九年合戦後に出羽守に補任された、源義家の仲介による寄進と想定してみよう。源義家が出羽守に補任されたのは、康平六年（一〇六三）である。全子の生没年は康平三年（一〇六〇）〜久安六年（一一五〇）なので、この場合、全子本人への寄進は考えられない。よって、源義家が仲介し、父の俊家に対して成島荘が寄進された可能性が考えられる。

② 藤原俊家と出羽との結びつき

次に、藤原俊家と出羽との関係について見ていこう。藤原俊家は、承保三年（一〇七六）〜承暦四年（一〇八〇）に陸奥出羽按察使に補任された人物である。成島荘は、出羽との結びつきを有していた俊家の時代に寄進され成立したと想定できる。ただし、俊家が陸奥出羽按察使であった期間は、源義家が出羽守であった任期とは重ならない。この場合、出羽守として源義家が仲介し、成島荘が成立した可能性は低いだろう。

ところで、「庄々相承次第」によると、一条北政所領は、一条殿全子から知足院殿（忠実）へ、そして法性寺殿（忠実の子息忠通）を経て育子中宮（二条天皇の中宮、忠通の養女）へという伝領をたどっている。この荘園群は育子中宮の後は、摂関家には戻っていない。それゆえ、近衛家所領目録に記載がなく、その後の伝領も明らかでない。一条北政所領だった具体的な荘園名や数が不明なのはこのためである。

一条北政所領は、一条殿全子から摂関家に流入した荘園群であり、育子中宮以後、摂関家から流出して戻っていない。そうであるならば、一条北政所領である成島荘も、摂関家領からは離れてしまった可能性が高い。これまで、すべて奥羽の摂関家領荘園として一括りに論じられてきたが、荘園の成り立ちや伝領を見直すと、成島荘は、摂関家領と一括りにはできない来歴をもつ荘園であると言えよう。

†奥羽の荘園研究の新たな段階へ

最後に、奥羽の荘園研究の論点をまとめておこう。

奥羽の荘園と公領については、陸奥ではその分布に応じて地域区分が示され、地域的特徴も明らかになっている。一方、出羽は陸奥に比べ、荘園・公領に関する研究が少ない現状にある。

陸奥と出羽では、国衙周辺の状況に相違が認められることから、出羽の特徴をふまえた地域区分が求められる。今後は、奥羽両国の地域性に即した荘園研究をより深めていく必要があろう。

奥羽の摂関家領荘園の成立については、これまで前九年・後三年合戦の影響から説明されてきた。しかし、蜷河荘や成島荘の成立の背景を見直すことによって、前九年・後三年合戦との関係や、源頼義・義家父子の仲介による寄進だけに収斂されない可能性を指摘できた。摂関家領荘園の寄進の仲介を果たしてきたとされる、源頼義・義家に対する評価の問題についても、今後さらに検討すべき課題である。

また、冷泉宮領と一条北政所領を例に、女性のもとに集積され、初期の領有者が女性であることに注目する、新たな視角での再検討を行った。すべて奥羽の摂関家領荘園という一括りで論じるのではなく、荘園群の来歴にも注視することが重要であろう。

さらに、奥羽の荘園の成立に関して、関白藤原師実と出羽国司とが国司の免判をめぐって領有を争った小田島荘は、一一世紀に国免荘であったことが知られる（『後二条師通記』寛治六年一二月四日条）。一方、蜷河荘について、一一世紀段階では小田島荘と同様、国免による免田型の荘園で、そののち一二世紀に入って、摂関家と国司との連携のもとに広大な領域を有する中世荘園として立荘されたのではないか、と指摘する見解がある（高橋一樹「城氏の権力構造と越後・南奥羽」柳原敏昭・飯村均編『御館の時代――十二世紀の越後・会津・奥羽』高志書院、二〇〇七年)。このような一一世紀の国免荘から一二世紀の領域型荘園への再編・転換の可能性についても、具体的に検証されなければならないだろう。

残された課題は多いが、これらの論点に基づいて、今後、奥羽の荘園研究を新たな段階へと進めていく必要がある。

参考文献

遠藤巖「陸奥国」、伊藤清郎「出羽国」『講座日本荘園史5　東北・関東・東海地方の荘園』吉川弘文館、一九九〇年
川端新『荘園制成立史の研究』思文閣出版、二〇〇〇年
大石直正『奥州藤原氏の時代』吉川弘文館、二〇〇一年
入間田宣夫・豊見山和行『日本の中世5　北の平泉、南の琉球』中央公論新社、二〇〇二年
清水亮「東北の荘園と公領」七海雅人編『東北の中世史2　鎌倉幕府と東北』吉川弘文館、二〇一五年

第15講　〔特論〕伝承と物語

永井隆之

†中世の世界観

　まず、中世の物語の背景にある世界観について述べておきたい。その世界観とは、日本を「神国」と位置付けるものである。当時の日本は、仏法東漸の果てにある粟散辺土にありながら、末法の世に至っても、神仏習合に基づく仏法相応の地として栄える「神国」とイメージされていた。そして、この「神国」の秩序は、仏神の力と「十善帝王」とよばれた天皇やこれを支える臣下・臣民たちの作善によって維持され、時に朝敵が生まれ、秩序が乱れたとしても、最終的には見えざる仏神の力によって回復、更新されると観念されていた。

　このような世界観が京の有識者たちだけでなく、多くの人々に認知、利用されていくようになるのは中世後期から近世にかけてである。中世後期以降、内乱を主要因として中央（朝廷／幕府）の統制が緩み、各地で成長した武士などの領主権力や惣などの社会集団が中央に対して自律性を有し、地域利害を優先した支配を重層的かつ局所個別的に行うようになっていた。

これら地域支配の担い手は、自らの存在と支配・権益を正当化するために、「神国」の物語の中で自らの立ち位置を説明する必要に迫られた。それが近世に明確化していく家譜、系図、系譜として現れる由緒である。彼らは由緒の中で、様々な「神国」の物語を一部利用、解釈し、「神」「王」と称されるほどの英雄たちを自らの集団の興隆の祖と位置付け、その者たちとの緊密な繋がりを主張した。この「神」「王」の中には、日本だけでなく、天竺・唐・新羅・海・天などの異国・異域を出自とする者、あるいは朝敵・流離した貴種・漂流神など、「異端の英雄」ともいうべき者たちも登場する。

このような「異端の英雄」を祖先とする現象は、列島全域でみられるが、京から遠く離れた奥州でも例外ではなかった。本論では、奥州の津軽安藤（安東）氏の系譜を例に、彼らの利用した「神国」の物語とそこに登場した「朝敵」たる祖先像に注目し、これらがどのように位置づけられ、どのような意図で用いられていたかについて検討したい。

†安藤氏の系譜――『秋田家系図』と『下国伊駒安陪姓之家譜』の概要

安藤氏はもと得宗被官とされる。津軽の十三湊を拠点に津軽・蝦夷島を支配した。日本将軍を自認し、第六天魔王、安日《あび》王、安倍頼時・貞任のなどの朝敵の子孫を称した。安藤氏の二種の系譜の概要を次に掲げる。一つは、万治元年（一六五八）に秋田実季が作成した『秋田家系図』（東北大学附属図書館蔵）であり、もう一つは、一七世紀末までに八戸藩南部家中の湊家（安藤氏一族）によって伝えられた『下国伊駒安陪姓之家譜』（『下国家譜』と略。東京大学史料編纂所蔵）である。

『秋田家系図』……神武天皇によって弟の長髄《ちょうずい》は討たれたが、安日《やすひ》は醜蛮と名づけられ、津軽の外浜安藤浦に流される。／崇神天皇の時、安東が勅許を条件に安倍将軍建沼河別命を助け、夷狄を討つ。その功によって将軍から安藤姓と将軍の印を賜る。／応神天皇の時、致東が蝦夷追討の功によって奥州日下将軍と号すことを許される。／永承五年（一〇五〇）、安倍貞任が源頼義によって滅ぼされる。彼の太刀を醍醐寺の顕実上人に施与し、貞任の亡鬼を吊し、寺院を建立。国人、毎年その神を祀る。厨河の八幡と号す。／その息高星は乳母の懐にて津軽藤崎に逃れる。／康秀が奥州十三湊日下将軍となる。永享八年（一四三六）、後花園院の時、勅命により若狭国の羽賀寺を再興す（以下略）。

『下国家譜』……安日長髄は第六天魔王の二男にして内臣。ある時、豊葦原中津国を領さんとする魔王に憑依されて地上に降りるも、神武天皇の東征によって、天皇に醜蛮と名を改められ、津軽外浜に流される。／延喜一九年（九一九）、安国が参内。山王大明神を氏神とし、山王坊阿吽寺を祈願所とする。／一条天皇の時、国東が参内し、安大納言を任ぜられ、東海日下将軍と号す。／後冷泉天皇の時、長国は安陪頼時が奥羽両州にて朝敵となった際、同名の誼で頼時・貞任父子に同心。京に上り、朝家を傾けんとした。／建久三年（一一九二）、貞季が安日姓を改め、安倍とした。そして下国安藤太郎安倍貞季日下将軍外浜殿と称した。／盛季、長髄百代の後胤。婿の南部義政の謀略によって十三湊が攻められ、津軽を奪われる。嘉吉三年（一四四三）一二月一〇日、盛季、狄之島松前に逃渡る。／盛季孫の義季、享徳二年（一四五三）、津軽鼻和郡大浦郷狼倉舘に籠もるも、南部の軍勢に攻められ、生害す（以下、庶子が惣領家を継ぐ。略）。

†祖先として登場する朝敵の性格①――安日王

それでは、安藤氏の系譜に登場する祖先たちの性格について検討しよう。まず、両系譜にみられる安日王であるが、彼は神武天皇に退治された長髄の兄、あるいは長髄本人とみなされている。長髄は神武の強力なライバルとして記紀に登場する長髄彦《ながすねひこ》のことであるが、安日という人物はみられない。安日の初見は、鎌倉末成立の妙本寺本『曽我物語』巻第一とされる。ここでは安日が神代に「鬼王」として「七千年」間日本を支配し、神武天皇によって外浜へ追い出され、「醜蛮《えぞ》」となったとある。また、この他に、中世末筆写『職原抄聞書』の注釈にも、「安日長髄」が「天照太神」の現れる以前に日本におり、「君臣の道」を弁えなかったので、神武に退治され、「奥州の夷の祖」となったとある。さらに『長恨歌伝一巻付長恨歌一巻・琵琶行一巻・邪馬台一巻』の欄外注にも安日は登場する。ここでは、「神武」がいまだ即位せぬ頃に、「安日尊」と「長髄尊」が「天下を統領」していたが、「神武」の東征によって安日は夷島に退き、長髄は生駒岳で殺されたと伝える。「尊」とあることから、鬼とされた安日・長髄が記紀にある天照や高皇産霊などと同様の天神に地位を上昇させているとの指摘がある。

これらのことから安日王とは、皇室よりも遥か昔から、しかも皇室より長きにわたり日本を統治した王であり、神武天皇に敗北した後は、蝦夷に流され、同地を支配した朝敵と位置付けられていたことがわかる。

†祖先として登場する朝敵の性格②——第六天魔王

次に、『下国家譜』に登場する第六天魔王についてみておきたい。この魔王は仏教の「一世界」の中心たる須弥山の上空に浮かぶ第六天＝他化自在天出自の神であり、あらゆる衆生が暮らす欲界以下の世界を支配する王として知られる。第六天魔王が登場する説話では、日本に仏法が広まることを怖れた第六天魔王に対して、大日如来が「魔王の御子」たる天照に化けて「わが国の主となり、子孫を未来の国王にして、国には仏法が広まらないように、これを崇めようとする人には禍を与える」と嘘をついて魔王から国を奪った、という話を伝える。

魔王は、天竺の伊舎那天《いざなてん》・伊舎那后《いざなごう》の二神そのものであり、国生みをした伊弉諾尊・伊弉冉尊に垂迹した神であるとされる。この他、魔王の説話のバリエーションとして、第六天魔王を大己貴神（大国主命）とする説（『麗気記私抄』）、伊弉諾尊・伊弉冉尊を閻魔王とする説（『職原抄聞書』）、国生みを天照が行う説やその国を作る際に海に大日の印文が浮かんだとする説（『沙石集』巻一「大神宮の御事」）、伊弉諾尊・伊弉冉尊が魔王から国を譲られたとする説（弘安一一年頃成立、通海『大神宮参詣記』）、魔王から国譲りの証拠として神璽を預かったとする説（『中臣祓訓解』）などが知られる。なお、天正元年（一五七三）四月二〇日付、宣教師ルイス・フロイスの書簡によると、織田信長も第六天魔王の変化を称していたという。

これらの内容から窺える第六天魔王とは、仏教的世界において日本よりも上位に位置する天竺を拠点に、欲界という日本よりも遥かに広い領域を支配し、仏教の中心仏たる大日如来と対抗し、伊弉諾尊などの日本の神々に垂迹するほどの力を有した高次の神であり、日本の旧統治者であったことがわかる。安日王以上に「異端の英雄」といえる者であった。また、「神国」を守ろうとする皇室の祖・天照と敵対的関係にあったという点では朝敵の最たるものであり、その元祖のような存在でもある。なお、『下国家譜』の如く安日と第六天魔王が結びつく内容を有する系譜としては、一六世紀末に成立した『日本百姓縁起系図』がある。これは源平藤橘の由来と系図を編集したものであるが、そこに安日魔孫記事がみられる。『下国家譜』に先行する史料として注目される。

†祖先として登場する朝敵の性格③――安倍貞任

次に、安倍貞任についても触れておきたい。貞任は前九年合戦にて責め滅ぼされた人物である。父の頼時が死去すると一族を率いて源頼義の軍勢と戦い、天喜五年（一〇五七）には黄海の戦で大勝利をおさめるなど頼義軍を窮地に追い込んだ。しかし、康平五年（一〇六二）、出羽の清原武則の参戦で形勢が逆転すると、最後に立て籠った厨川柵で戦死することになる。この貞任は『太平記』巻第一六「日本朝敵ノ事」では、物部守屋、大友皇子、藤原仲麻呂、藤原純友、平清盛、木曽義仲らと並んで朝敵に数えられている。このように、中世において貞任は朝敵となった反逆者として位置づけられていた。

†朝敵を祖先とする意図

それでは、安藤氏が自らの系譜に第六天魔王・安日王・安倍貞任などの朝敵を祖先として登場させた意図とはどのようなものであったのだろうか。これまでの研究では、安藤氏の系譜を「朝敵揃え」と位置づけ、安藤氏が境界権力として自らを正当化するために朝敵の子孫を称する必要性があったと説かれている。確かに、自らの支配を正当化するため、というのはその通りである。だが、朝敵など「異端の英雄」を祖先に掲げる集団が、日本の境界にだけいるとは限らないであろう。畿内に近い村落でもみられるところである（近江国堅田など）。それ故、境界かどうかは第一義ではないように思われる。確かなことは、これら朝敵が、「朝家を傾ける」ほどの反逆を通じて、血統や武威において優れた者であったことを歴史上証明し得た存在であったということである。中世後期以降、中央の支配系統から外れて、実力によって地域を支配しなければならなくなった領主権力や社会集団にとって、自らの存在や支配の正当性を示す上で、既存権力の正統性から一旦切断された朝敵の血統と武威は、自らの祖先とするに恰好の素材となったに違いない。

†朝敵としての負のイメージを回避する理屈①――魔王百王説

とはいえ、朝敵は「神国」の世界観では例外なく仏神の罰を受ける存在である。朝敵の祖先を掲げ、自らの血統と武威をアピールしたい安藤氏とって、朝敵に付随する負のイメージは受け継ぎたくないものであった。そこで、これを回避するための理屈を編み出していくことになる。このことを『下国家譜』『秋田家系図』からみていこう。

まず『下国家譜』について。この家譜には、安藤貞季までの歴代当主の記載に、各当主の生きた時代を表す天皇名とその代数が記され、また、貞季の息・盛季の項に「長髄百代の後胤」と注記されていることが知られる。これらのことから、天皇が百代で滅ぶという百王説を見出して、安藤氏に皇室の滅亡を待望する朝敵（反逆）意識がみられるという指摘がある。しかし、この「百代」は安藤氏の始祖である長髄から数えて盛季が百代目に当たるという意味であって、天皇の「百代」を意味するものではない。また、盛季の項目には、当然、彼の事跡が書かれているが、皇室を評価する記載はみられない。具体的には、盛季が累代の拠点たる津軽十三湊を南部氏に奪われる内容を有しており、それが、その後の、孫の義季が自害に追い込まれ、庶子が惣領家を継ぐことになる安藤家の没落と再興の物語につながっている。したがって、ここでいう「百代」とは、皇室が百代で絶えるとされる百王説ではなく、朝敵としての魔王の家が百代で一度滅び、再生される、いわば「魔王百王説」を意味していると考えるべきである。この魔王百王説によって、安藤氏は朝敵の負のイメージを回避しながら、その強力な祖先から血統と武威を受け継いだ存在として自己を正当化することが可能となった。

この『下国家譜』のように、祖先の血統や武威の継承を図りながら、その朝敵の子孫としての負のイメージを回避しようと試みた系譜は他にもある。例えば、平将門を祖と掲げた坂東平氏の一門・下総千葉氏やその一族・奥州相馬氏の系譜である。この平将門は『将門記』によると、桓武天皇の五世孫にあたる人物であり、天慶二年（九三九）、関東諸国の国府を占領し、「新皇」を称し、下総国に都を定め、受領・百官の除目を行ったとされる、いわゆる平将門の乱の首謀者である。天台座主の尊意らの調伏の祈禱を受け、平貞盛・藤原秀郷らによって討たれた朝敵中の朝敵である。中世末から近世にかけてそのイメージが肥大化し、将門は朝廷に服さず蝦夷を支配する「外都鬼王《そときおう》」（「尊卑分脈脱漏平氏系図」）、あるいは「日本将軍」（「日々沢道弘置文」『相馬家文書』）とされ、安藤氏の系譜に登場した祖先たちと互換可能な存在となっていく。

一三世紀半ばから後半にかけて千葉氏の影響下で作成されたとされる平家物語の異本『源平闘諍録』において、将門は、武威を有しながらも神慮・朝威を憚らず暴政を強いた非道の人物・朝敵として描かれている。十一面観音の変化たる妙見菩薩の霊は、この将門を見捨て、将門の養子となった良文のもとに移り、その子孫である千葉氏を守り、一族の関東支配を助けたと伝える。ここで妙見菩薩が将門を見捨て、その子孫である千葉氏嫡流を守ったとあるのは、将門を祖とする千葉氏に朝敵の汚名がつかないようにし、千葉氏が将門から継承したのは武威のみとする理屈を通すためである。このような理屈は魔王百王説と同様の働きをするものとして注目されよう。

†朝敵としての負のイメージを回避する理屈②——怨霊説

次に『秋田家系図』について。系図では、崇神天皇からの勅許を得て、朝敵認定を解除されるが、その子孫の安倍貞任が再び朝敵となる。系図には貞任の死後、源頼義が貞任の太刀を醍醐寺の顕実上人に施与し、貞任の亡鬼を弔し、寺院を建立し、国人が毎年その神を祀るとあり、貞任が死後に神として祀られたことが記されている。国人が毎年その神を祀るとあることから、この記載は、貞任が怨霊となって国や地域に祟りをなさぬよう神として祀られた、ということを表している。この怨霊とは、その荒ぶる魂を、祭祀を通じて慰撫されることで、地域を守護する神になると観念される存在である。『秋田家系図』における貞任を神として祀るという記載は、貞任が朝敵として朝廷の派遣した源氏将軍と互角に渡りあったという圧倒的存在感故に、他の仏神と並んで天下の守護を期待される神としてイメージされた結果生み出されたものであろう。このように朝敵がそのまま怨霊となり神として祀られるという理屈は、系譜認識上重要なことであった。というのは、それによって、ある者を朝敵のままでも系線で結び肯定的に祖先として位置付けることが可能となるからである。

これと類似の例として、先に紹介した平将門の例があげられる。将門は中世末から近世初頭にかけて怨霊となり神として祀られるようになる。天変地異が将門の怨念による怪異とみなされ、その霊を慰めるため神として祀られたという縁起が作られる（例えば神田明神）。

このような将門＝怨霊説を背景として、将門を肯定的に記す象徴的な系図が登場する。それが奥州相馬氏関連の系図「相馬当家系図」「相馬左近太夫・民部太夫系図」（取手市史編さん委員会『取手市史古代中世史料編』取手市、一九八六）である。系図中「将門」の項目に、「将門亡身、武州神田まで秀郷が跡を慕う故に、神に祝す。神田明神と号す」とあり、将門が怨霊として祀られていることが記されている。また、妙見菩薩も将門を見捨てず、「将門、関東へ下向の時、妙見菩薩も下向」し、「今に至るまで之を信仰す」とあり、妙見菩薩が、将門に始まる相馬氏子孫累代を守護する神として位置付けられている。このように妙見菩薩が将門に味方しつづける朝敵像を可能にしたのが、朝敵の価値を逆転させた将門の怨霊化にあることは言うまでもない。このような理屈は、朝敵・貞任を神として祀った『秋田家系図』と同様のものであると考えられる。

†「神国」の領主として

ここまで述べてきたことをまとめておこう。安藤氏が自らの系譜において、朝敵の祖先について記しているのは、安藤氏が中央に依存せず実力で一定地域を治める領主としての血統と武威を祖先から受け継いでおり、その地域支配の実績を中央から認められたと主張する意図があったからである。ただし、安藤氏に朝敵となる意図はなく、『下国家譜』『秋田家系図』ともに、朝敵の子孫としての負のイメージを払拭するような理屈、魔王百王説や怨霊説を用意していた。それは、安藤氏の系譜認識において、中世以降の仏神的世界の価値観、とりわけ、その世界の中で仏法相応の地とされた「神国」の価値観に抵触しない配慮が働いていたからである。それだけ安藤氏の系譜認識においては、「神国」は守るべき対象であった。安藤氏の領主としての役割もその「神国」の価値を十分に意識したものであり、自らを津軽における「神国」秩序の担い手とし、その支配を「神国」を支える分業と位置づけていた、と考えるべきであろう。

参考文献

大津雄一『軍記と王権のイデオロギー』翰林書房、二〇〇五年
伊藤聡『中世天照大神信仰の研究』法藏館、二〇一一年
入間田宣夫『中世武士団の自己認識』三弥井書店、一九九八年
岡田清一『中世東国の地域社会と歴史資料』名著出版、二〇〇九年
佐々木紀一「安日説話の展開」『国語国文』七五ノ一二、二〇〇六年
佐藤弘夫『神・仏・王権の中世』法藏館、一九九八年
平雅行「神仏と中世文化」『日本史講座　第四巻　中世社会の構造』東京大学出版会、二〇〇四年
平川新「系譜認識と境界権力」『歴史学研究』六四七号、一九九三年
永井隆之「中近世移行期の系譜認識にみられる神と王」永井隆之・片岡耕平・渡邉俊編『カミと王の呪縛』岩田書院、二〇一五年
同「魔王の子孫を称する一族」国立台湾大学日本語文学系『台大日本語文研究』二三期、二〇一二年
山田雄司『跋扈する怨霊——祟りと鎮魂の日本史』吉川弘文館、二〇〇七年

さらに詳しく知るためのブックガイド

*東北の古代・中世史をさらに詳しく学ぶための本を紹介する。おもに、手に取りやすい一般書を中心に取り上げた。

豊田武編『東北の歴史』全三巻（吉川弘文館、一九六七〜七九年）は、東北大学国史研究室（現日本史研究室）創設四〇周年を記念して刊行されている。同一〇〇周年を記念した本書の前身となる。東北地方の歴史を政治・経済・文化の各方面から幅広く取りあげた古典的な著作であり、全三巻のうち上巻が、原始・古代・中世にあたる。

渡辺信夫編『宮城の研究』全八巻（清文堂出版、一九八三〜八七年）・小林清治編『福島の研究』全五巻（清文堂出版、一九八六年）は、各県に関する専門的な論考を集めたものである。前者では第一巻から第三巻まで、後者では第一巻と第二巻が、考古および古代・中世の内容である。

『街道の日本史』全五六巻（吉川弘文館、二〇〇〇〜〇六年）は、「地域史の創造」のため、県別ではなく、交通路に注目したシリーズである。東北を対象とする巻は、『津軽・松前と海の道』『下北・渡島と津軽海峡』『三陸海岸と浜街道』『南部と奥州道中』『平泉と奥州道中』『仙台・松島と陸前諸街道』『北秋田と羽州街道』『雄物川と羽州街道』『最上川と羽州浜街道』『会津諸街道と奥州道中』『北茨城・磐城と相馬街道』等である。

長谷川成一監修『北方社会史の視座』第一巻（清文堂出版、二〇〇七年）は、津軽海峡を挟んだ北東北と南北海道の地域交流を描いたシリーズの一書であり、古代〜近世と考古学の内容を含んでいる。

入間田宣夫監修『講座　東北の歴史』全六巻（清文堂出版、二〇一二〜一四年）は、東日本大震災の後に刊行されたシリーズである。南東北を中心に、歴史学・考古学・民俗学などの諸分野から、「いくつもの東北」像や「開かれた東北」像を描くことを目指している。

東北学院大学文学部歴史学科編『大学で学ぶ東北の歴史』(吉川弘文館、二〇二〇年)は、東北学院大学の教員による研究成果を集めた『歴史のなかの東北』(河出書房新社、一九九八年)とも関わる書籍で、東北史研究のための通史的なテキストである。

『シリーズ「遺跡を学ぶ」』(新泉社、二〇〇四年〜刊行中)・『日本の遺跡』(同成社、二〇〇五年〜刊行中)は、遺跡の発掘調査成果を具体的に、分かりやすく記したシリーズである。東北地方に関する遺跡も多数刊行されている。

須藤隆ほか編『新版[古代の日本]9 東北・北海道』(角川書店、一九九二年)・吉村武彦ほか編『角川選書 シリーズ 地域の古代日本 陸奥と渡島』(KADOKAWA、二〇二二年)は、地域の古代史像を明らかにすることを目的としていた、伊東信雄・高橋富雄編『古代の日本8東北』(角川書店、一九七〇年)の後継シリーズである。また類書に、高橋崇編『古代の地方史6 奥羽編』(朝倉書店、一九七八年)がある。

『東北の古代史』全五巻(吉川弘文館、二〇一五〜一六年)は、原始から前九年・後三年合戦までの東北史を多面的に取り上げたシリーズである。

小林清治・大石直正編『新装版 中世奥羽の世界』(吉川弘文館、二〇二二年。初出一九七八年)は、地域の視座から日本中世国家を論じて、その後の研究に決定的な影響を与えた一冊。

『東北の中世史』全五巻(吉川弘文館、二〇一五〜一六年)は、平泉藤原氏の時代から奥羽仕置を経て幕藩体制が確立するまでを扱うシリーズ。文献史学のみならず、考古学研究者も参加し、中世の東北を多面的に論じている。

熊谷公男『古代の蝦夷と城柵』(吉川弘文館、二〇〇四年)は、文献研究と考古学研究の両方を駆使しながら、「蝦夷」の実像と城柵の構造に迫る。同氏には『日本史リブレット　蝦夷の地と古代国家』（山川出版社、二〇〇四年）等関連する著書がある。

鈴木拓也『戦争の日本史3　蝦夷と東北戦争』（吉川弘文館、二〇〇八年）は、戦争史・軍事史の必要性を訴えて刊行されたシリーズのうちの一巻である。日本の古代国家がいかに「征夷」を実現し終息していったのかを具体的に明らかにした一書である。

今泉隆雄『古代国家の東北辺境支配』（吉川弘文館、二〇一五年）は、エミシや城柵、陸奥国・出羽国の経営など東北支配の構造を描きだした論文集である。同氏の著書には『古代国家の地方支配と東北』（吉川弘文館、二〇一七年）などもある。

菅野成寛監修『平泉の文化史』全三巻（吉川弘文館、二〇二〇〜二一年）は、仏教史、美術史、建築史等の観点から平泉文化を掘り下げた最新の論文集である。

小林清治『戦国大名伊達氏の研究』新装版（高志書院、二〇〇八年）は、東北地方の戦国史研究をリードした碩学による伊達氏関係論文の集成。同じ著者の人物叢書新装版『伊達政宗』（吉川弘文館、一九八五年。初出一九五九年）も古典的名作である。

編・執筆者一覧

柳原敏昭（やなぎはら・としあき）【責任編集】
一九六一年新潟県生まれ。鹿児島大学法文学部助教授等を経て、東北大学大学院文学研究科教授。『中世日本の周縁と東アジア』（吉川弘文館）、『東北の中世史』1〜5巻（企画編集・吉川弘文館）など。

堀　裕（ほり・ゆたか）【責任編集】
一九六九年愛知県生まれ。大阪樟蔭女子大学等を経て、東北大学大学院文学研究科教授。『仏教がつなぐアジア――王権・信仰・美術』（共編著、勉誠出版）、「陸奥の仏教文化」（吉村武彦ほか編『シリーズ地域の古代日本　陸奥と渡島』ＫＡＤＯＫＡＷＡ）など。

＊

相澤秀太郎（あいざわ・しゅうたろう）【第1講】
一九八〇年生まれ。宮城県教育庁文化財課技師。「阿倍比羅夫の北方遠征と「粛慎」――国際情勢からみた北方遠征の目的をめぐって」（熊谷公男編『古代東北の地域像と城柵』高志書院）など。

吉田　歓（よしだ・かん）【第2講】
一九六五年生まれ。山形県立米沢女子短期大学教授。専門は日本古代史。『日中宮城の比較研究』（吉川弘文館）、『古代の都はどうつくられたか』（吉川弘文館）、『日中古代都城と中世都市平泉』（汲古書院）など。

鈴木琢郎（すずき・たくろう）【第3講】
一九七六年生まれ。就実大学人文科学部准教授。『日本古代の大臣制』（塙書房）、『古代東北の地域像と城柵』（共著、高志書院）など。

大堀秀人（おおほり・ひでと）【第4講】
一九九五年生まれ。一般財団法人　奥州市文化振興財団　奥州市埋蔵文化財調査センター専門学芸員。

永田英明（ながた・ひであき）【第5講】
一九六五年生まれ。東北学院大学教授。『古代駅伝馬制度の研究』（吉川弘文館）、『蝦夷と城柵の時代』（共著、吉川弘文館）など。

渡邉　俊（わたなべ・すぐる）【第6講】
一九七七年生まれ。福岡女子大学国際文理学部准教授。『中世社会の刑罰と法観念』（吉川弘文館）など。

黒瀬にな（くろせ・にな）【第7講】
日本学術振興会特別研究員。専門は日本法制史。鎌倉時代における法廷利用行動を研究。「日本中世訴訟研究における『属縁主義』」（『歴史』第一三四輯）など。

泉田邦彦（いずみた・くにひこ）【第8講】
一九八九年福島県生まれ。石巻市博物館学芸員。「戦国期岩城氏の領域支配構造と「洞」」（『福島史学研

究』一〇〇号)、「十五世紀末の茂木氏家臣——給分注文を読み解く」(高橋修編『戦う茂木一族——中世を生き抜いた東国武士』高志書院)、『大字誌両竹』(共編著、蕃山房)など。

黒田風花(くろだ・ふうか)【第9講】
仙台市博物館学芸員。「戦国期伊達氏家臣についての一考察」(『仙台市博物館調査研究報告』第三九号)、「伊達政宗当主期の意思伝達と家臣——茂庭綱元関係文書の検討を通じて」(野本禎司・藤方博之編『仙台藩の武家屋敷と政治空間』岩田書院)など。

小佐野 浅子(おさの・あさこ)【コラム1】
一九八一年生まれ。筑波大学附属駒場中学・高等学校教諭。『戦国大名武田氏と地域社会』(共著、岩田書院)、「小山田信茂・信有」(丸島和洋編『武田信玄の子供たち』宮帯出版社)など。

熊谷隆次(くまがい・りゅうじ)【第10講】
八戸工業大学第二高等学校教諭。『戦国の北奥羽南部氏』(共著、デーリー東北新聞社)、「戦国末期南部信直権力と外交——南慶儀・楢山義実を中心に」(斉藤利男編『戦国大名南部氏の一族と城館』戎光祥出版)など。

鈴木拓也(すずき・たくや)【第11講】
一九六五年生まれ。近畿大学文芸学部教授。専門は日本古代史。『古代東北の支配構造』(吉川弘文館)、『戦争の日本史3 蝦夷と東北戦争』(吉川弘文館)、『東北の古代史4 三十八年戦争と蝦夷政策の転換』(編著、吉川弘文館)など。

吉野武（よしの・たけし）【第12講】
一九六六年生まれ　宮城県教育庁文化財課技術副参事兼総括技術補佐。「多賀城の創建と大宰府」（『歴史』第一三七輯）、「多賀城の炎上と征東軍」（『国立歴史民俗博物館研究報告』第二三二集）など。

松岡祐也（まつおか・ゆうや）【コラム2】
一九七九年生まれ。南開大学外国語学院外籍教員。「『言経卿記』に見る文禄五年伏見地震での震災対応――特に「和歌を押す」行為について」（『歴史地震』第二一号）、「島津龍伯書状の慶長地震津波記述について」（『文化』第八三巻第三・四号）など。

片岡耕平（かたおか・こうへい）【第13講】
一九七六年生まれ。北海学園大学人文学部准教授。『穢れと神国の中世』（講談社）など。

白根陽子（しらね・ようこ）【第14講】
元東京大学史料編纂所特任研究員。専門は日本中世史。著書『女院領の中世的展開』（同成社）など。

永井隆之（ながい・りゅうじ）【第15講】
石川工業高等専門学校一般教育科准教授。「「日本」における国民共同体の起源をめぐって」（中国文化大学日本語文学系『中日文化論叢』三六号）、『戦国時代の百姓思想』（東北大学出版会）など。

ちくま新書
1712

東北史講義《とうほくしこうぎ》【古代《こだい》・中世篇《ちゅうせいへん》】
二〇二三年三月一〇日　第一刷発行
二〇二四年一〇月二五日　第二刷発行

編者　東北大学日本史研究室（とうほくだいがくにほんしけんきゅうしつ）

発行者　増田健史

発行所　株式会社筑摩書房
東京都台東区蔵前二-五-三　郵便番号一一一-八七五五
電話番号〇三-五六八七-二六〇一（代表）

装幀者　間村俊一

印刷・製本　株式会社精興社

ISBN978-4-480-07521-5 C0221

ちくま新書

1406 考古学講義　北條芳隆編
科学的手法の進展により新発見の続く考古学。その最先端をわかりやすく伝えるとともに、通説をそのままなぞるような水準にとどまらない挑戦的な研究を紹介する。

1300 古代史講義――邪馬台国から平安時代まで　佐藤信編
古代史研究の最新成果と動向を一般読者にわかりやすく伝えるべく15人の専門家の知を結集。列島史の全体像が1冊でつかめる最良の入門書。参考文献ガイドも充実。

1391 古代史講義【戦乱篇】　佐藤信編
日本の古代を大きく動かした15の戦い・政争を最新研究に基づき正確に叙述。通時的に歴史展開を見通すとともに、時代背景となる古代社会のあり方を明らかにする。

1480 古代史講義【宮都篇】　佐藤信編
飛鳥の宮から平城京・平安京などの都、太宰府、平泉まで古代の代表的宮都を紹介。最新の発掘・調査成果をもとに都市の実像を明らかにし、古代史像の刷新を図る。

1579 古代史講義【氏族篇】　佐藤信編
大伴氏、物部氏、蘇我氏、藤原氏から源氏、平氏、奥州藤原氏まで――各時期に活躍した代表的氏族の展開を、最新研究から見通し、古代社会の実情を明らかにする。

1378 中世史講義――院政期から戦国時代まで　高橋典幸　五味文彦編
日本史の先端研究者の知を結集。政治・経済・外交・社会・文化など十五の重要ポイントを押さえるかたちで中世史を俯瞰する。最新の論点が理解できる、待望の通史。

1485 中世史講義【戦乱篇】　高橋典幸編
『承久の乱』『応仁の乱』など重要な戦乱をめぐる最新研究成果を紹介。保元の乱から慶長の役まで、武士による戦乱の時代であった中世の歴史を一望に収める入門書。

ちくま新書

1469
近世史講義
――女性の力を問いなおす
高埜利彦編
第一線の実証史学研究者が最新研究に基づき江戸時代の実像に迫る。特に女性が持った力と果たした役割を多角的に検証。通史としても読める全く新しい形の入門書。

1318
明治史講義【テーマ篇】
小林和幸編
信頼できる研究を積み重ねる実証史家の知を結集。20のテーマで明治史研究の論点を整理し、変革と跳躍の時代を最新の観点から描き直す。まったく新しい近代史入門。

1319
明治史講義【人物篇】
筒井清忠編
西郷・大久保から乃木希典まで明治史のキーパーソン22人を、気鋭の専門研究者が最新の知見をもとに徹底分析。確かな実証に基づく、信頼できる人物評伝集の決定版。

1589
大正史講義
筒井清忠編
大衆の台頭が始まり、激動の昭和の原点ともなった大正時代。その複雑な歴史を26の論点で第一線の研究者が最新の研究成果を結集して解説する。決定版大正全史。

1590
大正史講義【文化篇】
筒井清忠編
新たな思想や価値観、生活スタイルや芸術文化が生まれた大正時代。百花繚乱ともいえるこの時代の文化を、最新研究の成果を盛り込み第一級の執筆陣24名が描き出す。

1136
昭和史講義
――最新研究で見る戦争への道
筒井清忠編
なぜ昭和の日本は戦争へと向かったのか。複雑きわまる戦前期を正確に理解すべく、俗説を排して信頼できる史料に依拠。第一線の歴史家たちによる最新の研究成果。

1194
昭和史講義2
――専門研究者が見る戦争への道
筒井清忠編
なぜ戦前の日本は破綻への道を歩んだのか。その原因をより深く究明すべく、二十名の研究者が最新研究の成果を結集する。好評を博した昭和史講義シリーズ第二弾。

ちくま新書